夫父何求

从圣经认识
神对为夫为父者的期待

夫父何求

从圣经认识神对为夫为父者的期待

Husbands and Fathers

叶光明国际事工版权 © 2017

叶光明事工亚太地区出版

PO Box 2029, Christchurch, New Zealand 8140

admin@dpm.co.nz

叶光明事工出版

版权所有

DPM29

ISBN: 978-1-78263-649-6

目 录

第一部分
个人经历

1. 我如何成为父亲？

回顾我的孩提和少年时代，我很惊讶自己能提笔写这本书，因为我从童年的经验中，几乎找不出线索来佐证现在的我有资格完成这项任务！

我出生于英国的一个军人家庭，没有兄弟姊妹，所认识的男性亲戚都是军官。九岁时，穿着小燕尾服，戴着圆礼帽，我被送进一所教养严格的私立中学预备学校，而后直升伊顿公学和剑桥大学的国王学院（King's College, Cambridge）。我在寄宿学校就学长达十五年之久，每年待在家里的时间不会超过三个月。我在剑桥大学攻读五年后，以一篇名为《柏拉图定义法之演进》(Evolution of Plato's Method of Definition) 的论文，被选为国王学院的研究员。

在整个求学过程中，我从来没有被女老师教过。我在剑桥就读期间虽交过几个女朋友，但女性善变细腻的特质对我而言一直是个谜。我也不太有兴趣想要解开这个谜！

高等学府的日子，应该如同波澜不惊的平静湖面。但这一切看似的宁静突然间被第二次世界大战打断了。收到征召令时，我选择加入英国皇家军队的医疗兵团，从事非战斗性的军职。从军期间，我决心继续深造并以钻研圣经为主题。当时的我只是将圣经视为一本哲学巨作，却在读过圣经后常发现当中有多处难以明白，但我仍定要从创世记读到启示录；因为我觉得只有这样，我才有资格发表较具权威的评论。

九个月之后，当我读到约伯记时，我与圣经作者耶和华神有了一次奇遇；祂透过耶稣基督向我启示了自己。那次奇遇彻底、永远地改变了我的人生。我记得柏拉图明言：「我们没有从神而来的道」，但圣经却清楚地宣告它就是「神的道」。我愈是查考圣经且运用在我的日常生活中，就愈相信其所言是确实的；圣经的确是神向人启示祂自己的一本书。

不久英军差遣我去中东。我在埃及、利比亚、苏丹的沙漠地带驻扎三年后被派到耶路撒冷,在那里遇见了丹麦女教师利迪亚,随后与她结婚。利迪亚原先在丹麦公立学校的教师生涯很成功,直到她在神的指引下放弃一切去到耶路撒冷,并在那里创办了一个信心之家,收容没有父母的孩子。

当利迪亚和我结婚的时候,她所收养的八个女儿也一同进入我们的婚姻之中;从那时起,我开始担负起作为父亲的责任。这些女孩中有六个是犹太人、一个是阿拉伯人、一个是英国人,她们的年龄分布在三岁到十八岁之间。

我从一个没有兄弟姊妹的独生子,一跃而为负责照顾十个女子的唯一男性,这十人包括利迪亚、她的八个女儿和一个阿拉伯女佣嘉美拉;我们在这个新的关系中都作了许多调整。有时我感觉自己承担的责任太重了,当然利迪亚肯定有时也会怀疑嫁给我是不是正确的决定。但神的爱和恩典,总是带领我们跨越一道道的难关。

除了关系上的调整,我和利迪亚还面临许多外在的压力。我们在新婚的两年内,正遇上以色列的建国战争,期间有两次为了保命得在半夜逃离家园,而那两次都没能再次回到原来的家。

有一次,四个较大的女儿被迫与我们分散,但神的手保守了我们,使我们全家又在英国团聚。

后来,八个女儿中有六个都已长大成人,我和利迪亚便带着两个小女儿在非洲的肯尼亚待了五年,当时我在一所非洲教师进修学院担任校长。后来我们又收养了一个非洲女婴,这是我们的第九个孩子。这个女婴的母亲因难产而死,她被弃置在一间非洲茅屋的泥地上。

我在利迪亚过世后的第三年,与第二任妻子路得结婚。直到她被接回天家为止,我们共同生活了长达二十年之久。路得为我们的家庭添了三个养子,他们都是犹太人。所以,现在的我成了十二个儿女的父亲!

路得极具亲和力，外向活泼的个性，使她很快得到家中其他成员们的爱。她兼具行政和编辑的恩赐，完美补足了我在教导事奉上的不足。在我们婚后的二十年内，我的事奉以始料未及的方式扩展开来。透过书籍、录音带、录像带、广播、电视频道等多种传播途径，我的圣经教导已扩及五大洲，甚至包括南极。我的办公室工作人员告诉我，所有美国邮政能够寄达的国家和地区，我们都会寄发材料过去，而且部分的教材已被翻译成六十多国的文字。

我们的家不断扩大，快到难以跟上控制的速度。我们的家庭成员，包括姻亲、新生儿在内的数目，已达一百五十人之多！这些家庭成员现在散居在不同的国家，例如：以色列、英国、加拿大、美国和澳洲。我们虽然散居各地，彼此间不能像我们所愿的那样有紧密的联系，但我们仍能感觉到，我们是一个完整的大家庭。

我并不是一个完美的丈夫和父亲，但总括来说我的家庭生活是幸福、成功的，我愿将荣耀完全归给神。我也从中学到许多功课，相信神希望我在这本书中与大家分享。

回顾我的事奉生涯，我发现有一段时间我差点错失了神对我的婚姻和家庭的计划。有一阵子，我不断地从一个特会赶到另一个特会，向大批大批的听众讲道，并收获人们的嘉奖。直到有一天晚上，我在特会上听到一位讲员说到：「专家的定义，是一个手提公文包、离家在外的人。」

那句话像一支箭刺入我的心中。

我想：「那真是针对我说的！」我正是那个手提公文包、离家在外的人。每个人都把我当作专家，但实际上我的家又是个怎样的家呢？神给我一个全新的挑战，祂要我先作称职的丈夫和父亲，然后才可能在其他的领域里成功。

于是，我开始分析自己的动机。为什么我要花这么多时间在外旅行？为什么我会在参加这些特会时感到兴奋？我渐渐意识到，我的动机里隐含了强烈的个人野心。我喜欢站在讲台上对着大批会众，享受着人们称赞我为「有恩膏的讲员」。

回顾那段拓展事工的年日，我意识到许多时候我关注自己身为讲员的声誉，胜过关注利迪亚情感上的需要；有时候，我关注自己的成功，胜过关注家庭的幸福。

因着神的怜悯，我的家并没有爆发严重的危机。实际上，许多时候我的家庭对我的忠实支持，远超过我所配得的。至今我仍为了他们不住地感谢神。然而，我也看见许多男人生命中的一个严重问题，就是他们不惜牺牲家庭生活，一昧地追求个人的野心。有些男人被认定是成功人士，他们也自认如此，但以自我为中心却使他们不能与家人之间有温馨、开敞的交流，而这种交流才是家庭幸福的关键。

有些家庭纵使没有面临迫切的危机或婚姻破裂的景况，却也无法提供家庭成员所需要的安全感和满足感，因为当中许多父亲有太多的外务，根本就没有意识到自己的家正摇摇欲坠。

我所得到的结论是，当今许多男人必须面对一个如何为夫为父的课题。他们可能是各个领域中的佼佼者，像是银行的总裁、医生、律师、计算机工程师、高尔夫球名人，甚至是基督教事工中的成功人士，但他们在自己的家中却是个失败者。

我想要给的建议是：你在扮演丈夫或父亲的角色上若是失败，你在神眼中就是失败的，即使你在各方面都很成功。没有任何的成功，可以弥补那个失败。

我已经多次提到，今日社会上最大的问题在于男人的失职，亦即他们在「作丈夫」和「作父亲」这两大主要责任上失职了。

你可以阅读许多有关家庭的书籍，但你只有在理解为人夫和为人父这两个基本的角色后，才能建立真正成功的家庭。丈夫和父亲的角色，是幸福和谐家庭的根基。

我写这本书的目的，是要以简单、实际的概念向你阐明：作一个称职的丈夫和父亲所要付出的代价；在这个根基之上，你才得以在其他不同的领域中获得真正的成功。最重要的是，你将成为你身边最亲密的人 --- 妻子和儿女的祝福。

第二部分

为夫

2. 婚姻是一个盟约

谈到丈夫的角色之前，必须先谈及婚姻，因为只有借着婚姻，男人才可以成为丈夫。

人类有三大重要的永恒关系：

一、基督徒与神的关系。

二、夫妻之间的关系。

三、基督徒彼此间的关系。

孩子既是男女婚约所结的果子，这果子也涵盖在他们的父母与神立约所结之果子的范畴中。

上述这些关系都是以盟约为基础，盟约是圣经中最严肃、最有约束力的委身形式。没有盟约，人就无法按圣经的原则建立起永恒的关系。

圣经中有两段经文表明了婚姻是个盟约。首先，我们来看箴言二章 16 ～ 17 节：

「智慧要救你脱离淫妇，就是那油嘴滑舌的外女。她离弃幼年的配偶，忘了神的盟约。」

这段经文说到对丈夫不忠的女子，她忘记、背离了在神面前与丈夫所立下的婚约。由此可见，婚姻是一对男女在神面前立下的盟约。

此外，神在玛拉基书中提到婚约的特质。以色列人一直在抱怨:「我们一直祷告，我们一直在殿中。神啊，为何祢不回应我们？」玛拉基书二章 14 节中，神回答:「你们还说:『这是为什么呢？』因耶和华在你和你幼年所娶的妻中间作见证。她虽是你的配偶，又是你盟约的妻，你却以诡诈待她。」

神在这段经文中说到，作丈夫的以「诡诈」对待他们的妻子。用现代的语言来说，就是他们欺骗了妻子。神说：「无论你祷告了多少或在教会里花了多少时间，如果你对你盟约的妻子不忠，我就不听你的祷告。」神对这样的男人宣告，他们是背约的人。

所以不论男女，任何人对婚姻不忠就是背约。这也是为什么，外遇奸淫之罪比未婚私通更严重。两个未婚的人发生性关系，本身就是罪，但并不构成毁约或背约。婚姻之外的奸淫却是违背婚约的放荡行为，这也是外遇为何是更严重之罪的原因了。

盟约的奥秘

盟约是神的奥秘之一，除非借由启示，没有人可以真正地理解。只有神能使我们透过圣经，明白什么是盟约。诗篇的作者说：

> 「耶和华与敬畏祂的人亲密；祂必将自己的约指示他们。」
> （诗篇廿五篇 14 节）

所以，盟约乃是神的奥秘，祂只向敬畏祂的人启示。只有敬畏神的人可以领会盟约的奥秘，并且进入其中。

保罗在以弗所书五章 22～31 节中说，丈夫和妻子之间的婚姻关系，预表基督和教会。然后他补充说：「这是极大的奥秘。」（第 32 节）我们有必要理解，保罗在这段经文中所用奥秘这个词的特别涵义。

那个时代盛行所谓的「神秘宗教」。这些宗教都各有秘传的教义，只有那些通过严谨入会程序的人才能知道。除非你正式入会，否则就无法一窥其奥。因此，当保罗形容婚姻是个「奥秘」时，他是在暗指除非我们先经过某种正式的步骤，否则无法理解婚姻真正的本质。这个步骤首先是透过婚礼：代表的是一对男女进入与神、与对方的盟约关系中。惟有当他们愿意彼此委身的时候，才会开始察觉婚姻的真正本质。凡是不愿意满足这个要求的男女，还是可以取得婚姻的合法地位并经历两性间肉体的关系，但他们

仍不能明白婚姻真正的本质；婚姻对他们而言仍旧是一个奥秘、一个谜。

我们应当记住，婚姻的本质不仅止于人类社会中契约的层次。婚姻的起源和设计的概念都非常合乎圣经的真理，若要进入婚姻的奥秘，首先必须了解圣经中「盟约」的涵义。所以，大略查考一下圣经中立定盟约的原则，对我们会有所帮助。

盟约的原则

我们依次从诗篇、希伯来书和创世记，查考神对盟约的启示。

以下这段诗篇的经文，启示了神与哪类人立定盟约：

> 「祂招呼上天下地，为要审判祂的民，说：招聚我的圣民到我这里来，就是那些用祭物与我立约的人。」
>
> （诗篇五十篇 4 ～ 5 节）

神的圣民是谁呢？圣经中说到是那些用祭物与祂立定盟约的人。而且，立定盟约必须透过献祭。

希伯来原文中，其实是「切」(cut)盟约，而不是「立定」(make)盟约。「切」这个词本身，就表达出利刃和流血的意象。这进一步提醒我们，立约是需要有祭物的，而祭物要流出血来，指的是要付上生命的代价。

希伯来书的作者在九章 16 ～ 17 节中说到遗嘱只有在人死的时候才生效。但「遗嘱」这个词的希腊文 diatheke，也就是英文的「盟约」(covenant) 之义。如此，便带出了有关盟约的另一个重要事实：

> 「凡有遗嘱（遗嘱或译「约」），必须证实立遗嘱的人死了；因为人死了，遗嘱才能确立，立遗嘱的人还活着的时候，遗嘱决不生效。」
>
> （希伯来书九章 16 ～ 17 节，圣经新译本）

所以当你立定盟约时，其实就是在签署自己的遗书，这可是一件严肃的事、一个终极的委身行动。

试看亚伯拉罕如何实践他生命中的盟约。主耶和华与亚伯拉罕间有极美好的个人关系。一天晚上耶和华指示亚伯拉罕，祂要把迦南地赐给他作产业。亚伯拉罕向神说：「我怎能知道必得这地为业呢？」（创世记十五章 8 节）于是神以劈开的祭物为约回应了亚伯拉罕。

这就说明了，神是以盟约来表明祂最终所认定的委身形式。当神立了约，祂就不必再用其他形式来表明了。

神在缔结盟约的时候，吩咐亚伯拉罕遵照中东当时的习俗献祭，也就是宰杀一些祭牲，然后将每样劈开分成两半，一半对着一半地摆列，然后立约的双方从中间走过。圣经没有描述亚伯拉罕如何从剖开的祭物中间走过，却描述了神的作为：

> 「日落天黑，不料有冒烟的炉并烧着的火把从那些肉块中经过。」
>
> （创世记十五章 17 节）

神在烧着的火把中经过祭牲的肉块。希伯来书十二章 29 节中提醒我们说：「我们的神乃是烈火。」

经过祭牲的肉块是什么意思呢？它意味着一旦你走过那些祭牲，眼看那些已死的身体，会说：「那就如同我的死。从现在起，我向着自己是死的，并且要为那位与我立约的结盟者而活。」亚伯拉罕在盟约中愿意舍弃自己的生命。但请记住，神也为亚伯拉罕做了相同的事。

盟约的任何一方有权要求对方的一切。因此，为了使盟约生效，主耶和华后来对亚伯拉罕说：「我要你的儿子，你独生的儿子以撒，那位你所爱的儿子，将他在我指示你的地方献给我为祭。」（参考创世记廿二章 2 节）

亚伯拉罕是个守约的人，他既无争辩，也无耽延，他回应神说：「是的，神，我在这里。我会上那地方去，也会献他为祭。」于是，他第二天一早就朝着神指定的地方出发了。

就在千钧一发之际，当亚伯拉罕正举手下刀要杀他的儿子时，主对他说：「好了，亚伯拉罕，你不必这样做。既然你没有把唯一的儿子留下来不给我，现在我知道你是敬畏我的了。」那就是盟约！

但故事并没有就此结束。几乎在二千年之后，神说：「亚伯拉罕和他的子孙需要献祭，只有一个人可以献上那祭，那个人就是我的儿子。亚伯拉罕把他的儿子献给了我，现在我要为他献上我的儿子。」因此摩利亚山盟约的履行便得以完全。父神为了履行祂在那里对盟约的承诺，把祂的儿子耶稣基督钉在十字架上；祂为了人类的罪，成为永恒、全备的祭物。

有了这样的认识，历史就是神与祂的子民所立诸约的体现。我们无论如何地强调盟约的重要性和严肃性，都不为过。

现在，让我们把这一点应用在婚约上。当一对基督徒男女结婚的时候，他们一同经历了耶稣在十字架上的献祭，双方都像保罗在加拉太书二章 20 节中所说的：「我已经与基督同钉十字架，现在活着的不再是我，乃是基督在我里面活着。」

他们一旦彼此作出这样的委身之后，便各自转向而面对十字架。丈夫说：「当我经过那祭的时候，我已经死了，丧失了自己的生命；现在的我，要在我妻子里面活出我的生命，她的生命就是我的生命。」妻子也说：「当我经过那祭的时候，我已经死了。我从此不再为自己而活，而是为与我立约的那位而活。」各自为对方舍下生命，正是基督徒婚姻的基础，更是婚姻能真正成功的惟一基础。

然而，今日许多人面对婚姻的态度正好相反，因此社会中有如此多破裂的婚姻。有太多人在进入婚姻时心里想着：「我能从中得到什么好处？」这种婚姻不会有出路。合乎圣经的态度应该是：「我可以如何付出？」若能这么想，婚姻就会有希望！

婚约的目的

亚当没有想过婚姻这回事，他甚至没有想到自己需要妻子。婚姻源自神的心意，其中一切的定规和最终目的，也都是由神来确立。

神对婚姻的目的是使配偶双方合而为一。圣经明确指出，无论是男是女，人类真正的合一只有一个基础，那就是盟约，圣经如此描述婚姻：

> 「因此，人要离开父母，与妻子连合，二人成为一体。」
>
> （创世记二章 24 节）

婚姻中的两个关键词是：「离开」、「连合」。如果你不离开，就不能连合。如果你一直不愿意离开父母的荫蔽、展开新的人生，就永远无法与配偶达成真正的连合。

有些文化中的婚姻常会导致不幸，是因为该文化教导男人应当倚赖父母，而不是与妻子连合。男人对家族的忠诚度，往往影响了他对妻子的委身。

我们需要清楚明白，圣经中所描述的婚姻，绝不等同于一般的社会习俗或文化。男女进入婚姻的仪式或庆贺新婚的方式，取决于不同的社会习俗。比如：在以色列地，犹太人庆贺婚礼时自有一套成型的社会习俗，阿拉伯人是另一套，亚美尼亚人又是另一套，这是合乎情理的。但婚姻的本质是神在人类历史的起源就已经确定的，也就是：一个男人应该离开自己的父母，与妻子连合。那是一对男女能达成真正合一的唯一基础。

今日，人们普遍对婚姻心存另外一种误解。许多人在言行举止中表现出婚姻好像是一场实验，那是错误的。婚姻是一种委身，需要全心投入，而非一场实验，把试婚解释为「试验性的投入」，这个说法本身就是个矛盾。唯有借着彼此的委身，神才能提供一对男女结合后在生活上所需要的恩典。

婚姻所具备的预表性

有一件令人兴奋的事实是，圣经中提到神喜欢向人类启示祂自己，而这正是神赐给我们最宝贵的礼物之一。神彰显启示最主要的管道就是透过圣经。但更大的特权是，神不仅藉着启示让我们认识祂，也透过我们显明祂的性情与同在。

神常常借着旧约的先知启示祂自己。为了警告犹大民族被掳的事即将临近，神吩咐耶利米把轭加在自己的颈项上（参考书廿七章 2 节）。神吩咐以西结挖通一堵墙，扮演人从被围城中逃出的样子，借以形容耶路撒冷将被巴比伦军队攻打（参考以西结书十二章 4 ～ 5 节）。祂也吩咐何西阿去与一个妓女结婚（参考何西阿书一章 2 节），借以表达神对以色列人赦罪的爱。我们可以列出许多类似的例子。

所以，我们明白预言不仅是用口说出一段信息，也可以用行动来表达信息的本身。这样看来，基督徒的婚姻所传达出的，正是其美好的预表特性。

首先，丈夫与妻子唯有在盟约中，才能发展出那种合一与连结的个人关系。

但是，第二个更美好的信息，也就是真正的基督徒婚姻所要传达的，是保罗在以弗所书五章 25 节中所说：

> 「你们作丈夫的，要爱你们的妻子，正如基督爱教会，为教会舍己。」

一个基督徒丈夫拥有特权向妻子表达自我牺牲的爱，正如基督对教会一样。

另一方面，保罗在以弗所书五章 24 节中说：

> 「教会怎样顺服基督，妻子也要怎样凡事顺服丈夫。」

一个基督徒妻子在与丈夫的关系中也拥有相对的特权，那就是她要效法教会敬重主基督的爱，来回应她的丈夫。

　　现代的社会没有耐心接纳这种彼此相爱、舍命的态度。因此，在自己的婚姻关系里忠实地预表耶稣与祂教会的关系，对基督徒来说就更重要了。许多时候，我们生命中的见证，比我们的言语更有效力。我们可以向旧约的先知学习，不仅用言语，也以行动发出预言。

3. 丈夫的角色

在人类历史的起初，神将一项特别的任务托付给第一个丈夫亚当：「耶和华神将那人安置在伊甸园，使他修理，看守。」（创世记二章 15 节）「看守」的意思包括「监管」、「保护」。现代希伯来文里「守夜人」这个词，就是从看守演变而来的。神要亚当负责「看守」伊甸园，不容野地走兽（参考创世记二章 15 节）侵入伊甸园。

接着在下一章的经文里，我们可以看到亚当失职了。蛇，这个野地的走兽之一，溜进园中来了。

然后，亚当又再次失职；他并没有保护妻子免受撒但的狡猾攻击。圣经中没有说明当时亚当在哪里，但显然他把夏娃单独撇下了。

同时，夏娃自己也在她丈夫的罪上有分。她与蛇交谈，落入牠的骗局，偷吃禁果也给她的丈夫，而亚当也吃了。

这里说明了人类历史最初所犯的两宗罪，都是有关疏忽的罪。亚当失职之处不在于他做了什么事，而是在于他应该去做却没有做的事上。

疏忽的罪性导致犯罪的罪行。第三宗罪是夏娃犯下的，她受了蛇的欺骗而偷吃禁果，同时也牵连她的丈夫，让他也吃了禁果。亚当主要的罪在于疏忽，他懈怠失职了，因此为夏娃敞开了犯罪之门。

人们常认为疏忽之罪比实际的犯罪行为轻，但是圣经中的描述却非如此。在马太福音廿五章 31 ～ 46 节中，耶稣举了一个预言性的比喻，祂提到末世里神对绵羊国和山羊国的两种审判。在第 41 节中，祂对山羊国发出了一个最可怕的判语：「你们这被咒诅的人，离开我！进入那为魔鬼和牠的使者所预备的永火里去！」

这些人做了什么，而招致如此可怕的审判呢？答案是：「他们什么也没做。」他们对有需要的人并没有施舍吃的、喝的、穿的，他们并没有对人展现怜悯之心。因着这些疏忽的罪，他们被处以永恒的刑罚。

亚当与夏娃双双失职的戏码，在后来的世代中不断重演。男人典型的罪是疏忽，而不在于行为；他们在自己的责任上失职，首先是对妻子，其次是对家人。女人典型的罪则是越位，越过自己的权限，夺取男人的职权。

偏激的女权运动不过是长期以来夫妻双方不断失职所导致的恶果。而其中的关键则是男人率先失职，为女人敞开篡位夺权之门。我认为文明世界的第一大问题是男人缺席，正如青少年犯罪的第一大问题是父母渎职。

亚当和夏娃两人双双的失职，破坏了神最初为他们所设立的完美关系。不过，尽管他们失败了，神为他们之间的关系所定下的基本原则仍然没有更改，我称它为主动与响应的关系。按照这个模式，作丈夫的亚当应负责主动发起，而妻子夏娃则负责响应。

让我以男女的性行为作实际的举例：女人无论如何倾心，男人若是不为所动，性行为就不可能发生，除非男人后来采取主动（这也是为何一些女权主义者采纳同性恋的生活方式，她们拒绝让男人带头）。我相信，这种两性相处的模式是造物主的心意——男人的角色是采取主动，而女人的角色是响应。

在当代的文化中，人们已经不在意这个原则。许多男人在基本责任上失职，女人则取代男人的角色。人类便在家庭、国家或社会文明中，结出咎由自取的果子：混乱。

丈夫的责任

作丈夫的应该主动承担责任的范围有哪些呢？新约圣经中提出六大主要的责任：

一、 爱你们的妻子

以弗所书五章 25 节上半节所说的，并不是一个建议，而是一道命令：「你们作丈夫的，要爱你们的妻子，……」简单地说：「如果你们不爱自己的妻子，就是不遵行圣经的真理。」

同一节经文也教导丈夫爱妻子的方式，以弗所书五章25节说：「……正如基督爱教会，为教会舍己。」留意这种爱不是接受式的爱，而是给予式的爱，也就是舍己的爱。丈夫应当主动，把自己奉献给妻子，为妻子舍己。

当今社会有许多人只把爱当作单纯的情感，这种看法并不完全。真挚的爱会产生出自意志的行动，大卫在诗篇十八篇1节说：「耶和华，我的力量啊，我爱祢！」大卫作出了爱的决定，他对主耶和华的爱是从他的意志而发的。

此外，大卫在此用作「爱」的这个字，在希伯来文中可以被译成「内脏」或「子宫」，就是我们现代语言中所说的「打从心底的感受」；它包括大卫的意志和情感，丈夫对妻子应当要有这种爱。

在圣经时代，大部分的婚姻是奉父母之命，父母可以决定儿女结婚的对象。今天世界上许多地方仍是这样。由父母所安排的婚姻，夫妻间未必就没有真情挚爱。其实，盛行媒约之言的国家和盛行自由恋爱的国家比较起来，其婚姻成功的比率更高。在盛行所谓「自由」恋爱结婚的西方国家里，离婚率有时竟高达百分之五十。

我这样说并不是提倡由父母来安排婚姻，重点是：成功的婚姻不是取决于如何进入婚姻，而是取决于夫妻双方婚后的表现。如果双方都忠心地各尽其职，按圣经的命令去行，这样的婚姻就会成功，彼此间也会有真挚的爱。

二、 听取意见

丈夫应当让妻子有发表自己想法的空间，并敏锐留心她的思想、情感，甚至她毋须表达出来的语言。通常最深的感受是说不出来的，丈夫应当对这些感受尤其敏锐。婚姻破裂最主要的因素，是夫妻之间没有交流。

丈夫应当记住，妻子拥有一种特别的智慧，常被称为「直觉」。丈夫借由费劲的推理得出一些结论，但当他向妻子分享时，他可能惊讶地发现她的响应是：「我早就知道是这样的。」

三、作决定

一旦夫妻间有坦诚、互敬的交流，就能够开始讨论可行方案。此时丈夫的责任是作出最后的决定。通常当双方在良好沟通的情况下，妻子会乐于让丈夫担起这个责任。

四、付诸行动

总括来说，这是接续以上所说作决定的步骤而来，通常负责执行实际任务的人是丈夫。丈夫可以分配给妻子一些日常的事务，但他应注意夫妻双方挑起的担子是否太重，特别是当他们为人父母后。部分工作的分配，可依夫妻各人的属灵恩赐；此外，妻子应当可以期望丈夫成为后盾，特别是当她遇到不知该如何处理的危机时。

五、保养顾惜

「特别」这个词足以形容每个丈夫对待妻子应有的态度。丈夫要对自己说：「我的妻子很特别，无人能像她。」他和妻子相处的方式应该有别于其他女人。这不单指两人间的性关系，也包括他想念她、谈论她、对待她的方式。

保罗在以弗所书五章 28 ～ 29 节中说，男人应当以一种特别的、亲密的方式爱他的妻子，关心他的妻子。

> 「丈夫也当照样爱妻子，如同爱自己的身子；爱妻子，便是爱自己了。从来没有人恨恶自己的身子，总是保养顾惜，正像基督待教会一样。」

「保养」、「顾惜」这两个词表示一种亲密的关注，包括最细微的事。丈夫应当关心妻子的健康、外表、发型、所使用的香水等。他也当关心妻子所关心的事。妻子应当拥有自信，知道她对丈夫来说，是世上最重要的人。

作丈夫的，我向你们保证，如果你在妻子的生命中播下这样的种子，你肯定会赢得大丰收！

六、 赞美她

篾言的最后一章描绘、称赞才德妻子的性格，其中指出了她的许多成就，然后以赞美作总结：

「她的儿女起来称她有福；她的丈夫也称赞她，说：才德的女子很多，惟独你超过一切。」

（篾言卅一章 28 ～ 29 节）

有些丈夫很吝于赞美妻子，那是小气！当他们明白妻子是多么渴望被赞美，以及她们响应赞美的方式时，一定会很吃惊。赞美你的妻子，对你来说是一项最好的投资。

男人如果有一个忠实、委身的妻子，他是无法以金钱来衡量她的价值的。正如所罗门在这段经文所说的：「她的价值远胜过珍珠。」（篾言卅一章 10 节）身为丈夫所能做到最起码的一点，就是向他的妻子说出由衷的赞美。

最后的挑战

有一回，有人询问一位资深的牧师说：「他是一名好基督徒吗？」牧师说：「我不知道，这很难说，因为我尚未见过他的妻子。」那真是明智的回答。丈夫的成功，可以从妻子的身上看见。

作丈夫的你，何不拿这个问题问问自己呢？你也许需要少专注自己，多注意妻子。以下面的问题问自己，也问一问她，衡量一下你的表现如何。例如：「她有安全感、有满足感吗？」、「我为她感到骄傲吗？」如果答案是肯定的，那么你是一名成功的丈夫。

但如果你的妻子某些部分有待改善，特别是她容易紧张或缺乏安全感，你应当察验一下你身为丈夫的表现。也许，最好是再读一遍前面所列出有关丈夫的责任。然后，如果发现自己有所懈怠失职，就要在主面前悔改，求祂赐给你所需的恩典而使你能做得更好。

4. 妻子的角色

这本书首先谈到的主题是丈夫，但若不提妻子的角色，任何有关丈夫角色的描述都是不完全的。只有当夫妻双方都扮演好合乎圣经真理的角色时，婚姻才能美满顺利。因此，让我们来看一看圣经对妻子的说法。

一、她是帮手

> 「耶和华神说：『那人独居不好，我要为他造一个配偶帮助他。』」
>
> （创世记二章 18 节）

这句话可以翻译成：「我要为他造一个帮手来成全他。」这似乎就意味着，男人没有妻子就不完全。希伯来文的涵义不容易完全表达，但这里的重点是：神造女人，是要她作帮手。

今天许多的女性说，如果我是帮手，就表示我比丈夫差，那是错误的想法。在基督的身体里，没有一个人比任何人更好或更差。神分派给我们每个人应有的位分与功用。当我们扮演这个位分的角色或发挥功用时，祂所求于我们的就是忠心。

耶稣在约翰福音十四章 16～17 节中，说到祂在离开以后会为门徒赐下祂所预备的：

> 「我要求父，父就另外赐给你们一位保惠师……就是真理的圣灵。」

耶稣形容圣灵为保惠师、是帮手，但这是否就意味着圣灵比较低等呢？恰恰相反，圣灵是神！

同样地，当妻子扮演这个神所赋予的帮手角色时，她绝对不比她的丈夫差。感谢神，我先后的两个妻子对我而言都是极好的帮手。我若是少了第一个妻子利迪亚，和第二个妻子路得，根本不可能拥有现在的成就。

二、她顺服丈夫

顺服丈夫这个概念近年来多有争议，但使徒保罗在以弗所书五章 22 节中很清楚地道出了这一点：

「你们作妻子的，当顺服自己的丈夫，如同顺服主。」

大部分的争议来自这节经文被断章取义，脱离了圣经的上下文（先前我手上的圣经版本，在第 21 节之后有一个小标题，因而分开了这两节经文）。第一节是针对所有基督徒说的：「又当存敬畏基督的心，彼此顺服。」在基督身体里的首要顺服，就是人人皆彼此顺服。每个基督徒都应当让人看出他们身上这明显的标记：言语温柔、以顺服的态度对待主内的弟兄姊妹。

妻子在彼此顺服的前提下享有的特权是：借着她对丈夫的态度，来体会教会对基督的态度。从经文脉络来看，顺服不是强加在妻子身上的义务，而是赋予她的特权。

不论是已婚的彼得或未婚的保罗，他们在教导家庭伦理时，都谈到妻子顺服丈夫的责任。因为，如果妻子不顺服，丈夫很难尽他的责任。妻子握有丈夫承担一家之主责任的钥匙，她若非为丈夫开启这扇门，就是为他关闭这扇门。妻子如果不情愿让丈夫当头，丈夫保有地位的唯一办法就是借助强权。聪明的妻子不会想受这样的控制！

如果妻子不愿顺服，丈夫不愿作头，情形又是如何？这样的家庭没有属灵的保护，它就像在暴风雨中海面上的一艘船，驾驶舱内没有船长，这艘船注定要遇难。

现代的家庭破碎，是社会经历动荡和脱序的主要原因。解决问题根源的方法，是在家庭中恢复神圣的秩序。

我的第一任妻子在我们结婚时，年纪比我大很多，她当时已是一位很有经验的宣教士，也在艰难的宣教禾场上获得相当的成就。她受过良好的教育，也是一位有恩赐的讲员。如果她想控制我，一点也不困难！但她让这个我初出茅庐的年轻人进入她的生命作一家之主，这是她的成功。

我所经历的苦楚,她一定也能够感同身受!我从来没有兄弟姊妹,却发现自己突然间成了一个要照顾八个女儿的男主人,我们双方难免都要吃一点苦。

如果利迪亚继续作头,我可能一辈子都要作「利迪亚的丈夫」。但感谢神,利迪亚让我承担我当扮演的角色。

三、她支持或维护

在神所造的人体里,头不能独自存活。如果男人是家中的头,身体就必须支持他,这部分的责任在于妻子。

男人的软弱之处其实很多,他们需要被支持!男人可以在外表上故作很有男子气概、孔武有力的样子,但内里却常常胆小如鼠。一个属灵的妻子会看出丈夫的软弱,但不强调它们。相反地,在丈夫挣扎并克服这些弱点时,她会聪明、巧妙地支持他。

四、她鼓励

作妻子的使丈夫气馁,最是令人痛苦不过了。试想一位传道人刚刚讲完一篇效果不彰的讲章,他面对了会众明显失望的响应,如果妻子在回家的路上说:「你今天的讲道很差」,他可能会像条可怜虫,羞愧得想钻到地洞去!但如果她说:「那不是你最好的讲章之一,但我很欣赏」,他会开始想:「哦,我还是有盼望的,我可以再接再厉。」

如同我在前文中所说的,圣灵被称作「保惠师」或「帮手」,同样的词也可被译为「鼓励者」。当妻子鼓励她的丈夫时,她就在那个情境中扮演了圣灵的角色。

五、她为丈夫代祷

许多妻子常常落入陷阱里,花太多的时间为丈夫担忧、批评他们、指出他们的缺点,而没有为他们的丈夫祷告。一个跪下来为丈夫感谢神的妻子,将会获益良多。

路得和我有段时间结识了两对面临婚姻困境的夫妇，其中丈夫们的生命都有严重的缺点和问题。那两个妻子同意每天早上聚在一起为她们的丈夫代祷，并且忠心地为此坚持了多年。如今，那两个丈夫都很成功，一个是在基督教的事工上很成功，另一个则是在属世的工作上很有成就。他们若没有妻子在背后忠心恒切的代祷，永远也不会拥有今天的成功。

代祷所带来的益处，要比批评或抱怨来得多。

我对路得的称赞

我在写作这本书的过程中，神把我的妻子路得召回祂那里去了。我和她在过去的二十年里共同享有一个幸福、美满、结实累累的婚姻，可归功于好几个原因。

第一、我们俩都是委身的基督徒；对我们而言，生命中的主要目的，就是事奉并荣耀主耶稣基督。

第二、我们俩都相信是神的计划，使我们成为夫妻。

第三、我们俩都坚信，新约圣经中的婚姻模式，在今天仍然可行。我们从不以文化或时代背景的不同为借口，而忽略了圣经真理的要求。

第四、路得很无私也很能干。凭她本身的才华，她应该可以相当地成功，但她相信神给她的任务，是在各方面成全神赐给我的事工。她唯恐失去的并非自己的成功，而是我的成功。

然而，我想要再补充的是，路得对我和我的事工的委身，从未使她唯唯诺诺或只想讨人欢心。她若认为我犯错了，或是即将铸成大错，总是会坦率地告诉我。她也特别注意我的衣着是否与神量给我的事工相配，如果她觉得装扮或衣着太马虎，她会说:「你看起来像是一个没有妻子的人。」

在我们二十年的婚姻中，我的事工以惊人的方式扩展开来。我在结婚时是一名巡回各地教导圣经的教师，曾出版过几本书，

所接触到的基督肢体也有限；直到神召路得回天家时，叶光明事工团已经具备全球性的影响力。我的圣经教导广播事工始于我和路得结婚的第二年，现今广播内容已被翻译成十二种语言以上，包括俄语、西班牙语、阿拉伯语和华语；书籍出版则在二十多本以上，其中有些书被翻译成六十多种文字。我和路得在世界各大洲举办过特会（南极洲除外），我们一同作过四趟环球事工的旅行。叶光明事工团的办公处，在美国以外的三十多个国家都设有据点。

我提到这些事情的原因，除了是要稍稍记念路得的功劳之外，更是要强调一个无庸置疑的事实：没有路得无私、可靠、全心的支持，上述叶光明事工的所有这一切永远也不可能发生。

过去，我几乎每天都要告诉路得两件事：「你是我的心上人」，「我认为你好极了」！我到如今仍然有这样的感觉。

当神在末世的荣耀里赐下奖赏时，路得会赢得完全属她的那一份，我期待在那时看到这场景！

这时你也许正在问自己，如果叶光明和路得能够享有一段幸福、成果丰硕的婚姻，为什么今日却少有婚姻能获得那种成功呢？

普遍的原因在于，许多夫妻在婚姻中都没有放进一个关键的要素，这将是我下一章的主题。

5. 缺失的要素

曾有一位著名的传道人和他的妻子，向我坦白分享过去在他们婚姻道路上所经历的挣扎。那个妻子提到他们内在的冲突终于在某天爆发，于是他们在卧房上演一场激烈的口舌大战。

正如一般丈夫常做的，那个丈夫不断强调圣经上神对妻子的命令，认为妻子应当顺服丈夫。正如一般妻子常做的，那个妻子也不断强调，她看不出为什么要顺服他。她还告诉他：「毕竟你没有什么好的记录，你也曾做过一些相当愚蠢的决定！」

此时双方都意识到自己的所作所为一点也不像基督徒，他们不约而同地各自在床的对面一起跪下来祷告。

那个妻子边回忆边对我说：「当我们跪下来的时候，好像有一股冷风吹进我们的卧室。不知怎地，我们两人都想到以弗所书五章 21 节那句话：「又当存敬畏基督的心，彼此顺服。」我们俩都意识到，彼此的关系中似乎缺少了什么，那就是敬畏神。我们对待彼此的方式，好像我们的关系仅止于人的层面；我们把神摒除在外了。」

当他们看到这一点时，双方都承认自己的过犯，悔改求神赦免，也请求彼此的原谅。他们展开了一种新的关系，双方都接受神所赋予的位分。

那个妻子把卧室中的事件描述得很生动，以致我不断地想起它。我渐渐地意识到，这个案例可以解释为什么许多基督徒的婚姻，未能达到新约圣经中清楚立下的标准。他们的婚姻中缺少了一项关键的要素，就是——敬畏神。

利迪亚和路得刚好都是极佳的烹饪能手，我为此感谢神！她们俩都爱收集食谱，从中我明白蛋糕甜点的美味有赖其中一个关键性的调味料。即使其他的调味料都俱备了，也调理得当，但若缺少这个独特的调味料，蛋糕和甜点吃起来就不够美味。

例如，圣诞蛋糕有美式和英式的口味。在英式的圣诞蛋糕中，有一种甜杏仁酱是口味的关键所在，但美式的圣诞蛋糕通常没有添加这个调味料。我生长在英国传统的家庭背景下，总觉得没有甜杏仁酱的蛋糕就不是圣诞蛋糕，其中最大的区别在于甜杏仁酱。

这个比喻要如何运用在基督徒的婚姻中？前面所说的甜杏仁酱就是敬畏神。缺少那个成分，基督徒的婚姻就与非基督徒的婚姻没有两样；这样的婚姻不能成为神所希望的样式，它将失去与非基督徒的婚姻有所分别的味道。

尊重、尊敬和畏惧

不幸的是，许多基督徒对圣经所说的敬畏神，抱持着错误的观念。他们轻忽敬畏神这项品格，视之为过时、只应存在于旧约时代，认为它在新约时代毫无地位。这绝不是真理！其实，新约要比旧约更加强调敬畏神的品格。

因此，我们应当问自己：「圣经中说，敬畏主是什么意思呢？」它涵盖三种意思：尊重、尊敬和畏惧。敬畏主不是一种畏缩、卑屈的态度，而是受造的人对创造主的无所不在、威严、荣光和圣洁的合理反应。

大卫在诗篇十九篇 9 节中说：「敬畏耶和华是洁净的，能坚立到永远。」(圣经新译本) 敬畏神绝不会过时，它绝对可以洁净人、炼净人，这种品格是历代以来神在祂的子民身上所寻找的特质。

以赛亚书十一章 2 节中，先知预言圣灵的七重膏抹是耶稣成为弥赛亚、受膏者的记号。这七种不同的恩膏分别是：主的灵（那以神的身分、用第一人称说话的灵）、智慧的灵、聪明的灵、谋略的灵、能力的灵、知识的灵，和最后提到的、也是最重要的敬畏耶和华的灵。

我们也许没有想到，神的爱子耶稣需要敬畏耶和华，但以赛亚书十一章 2 节明白启示，敬畏耶和华是耶稣成为弥赛亚和神儿子的最终印记。如果耶稣身上都以敬畏耶和华为印记，作为祂门徒的我们，如何能不存敬畏神的心呢？

认清我们得赎的代价

基督徒有时会有一种态度，以为神以其大爱接纳我们成为祂的儿女，我们就毋须敬畏神。然而，道理正好相反。神以祂儿子的宝血重价买赎我们，我们应当心生敬畏和责任感，愿意过荣耀神的生活，因为这本是祂配得的。

使徒在彼得前书一章 17 ～ 19 节宣称，神为了买赎我们所付上的代价，应当激发我们心存敬畏以度在世的日子，归荣耀与主。

> 「你们既称那不偏待人、按各人行为审判人的主为父，就当存敬畏的心度你们在世寄居的日子，知道你们得赎，脱去你们祖宗所传流虚妄的行为，不是凭着能坏的金银等物。乃是凭着基督的宝血，如同无瑕疵、无玷污的羔羊之血。」
>
> （彼得前书一章 17 ～ 19 节）

彼得在这段话里告诉我们，救赎的完成和敬畏神的生活息息相关。他强调，敬畏神是响应救恩的惟一方式。

当我思想敬畏神会在我生命中带来多大的影响时，我的脑海中出现一幅景象：我站在一个悬崖峭壁上，往下看是岩石遍布的万丈深渊，悬崖旁的护栏使我不致太靠近峭壁的边缘。这护栏就好比圣经中的告诫，要求我们过圣洁的生活，然后我问自己。「假如我任意妄为，爬过护栏、站在悬崖的最前端，会是怎样的情景呢？只要再往前多进一步，我就会突然落入无可挽救的灾难之中了！」

当我默想这个启示时，心里愈发紧张起来，一阵冷风灌入我的脊骨中。我想起希伯来书中的警告：「落在永生神的手里真是可怕的！」（希伯来书十章 31 节）

这种敬畏的态度，不单在于我们对神的态度，也在于我们对祂话语的态度。主在以赛亚书六十六章 2 节中说：「但我所看顾的，就是虚心痛悔、因我话而战兢的人。」

我们为什么要因主的话而战兢呢？因为这是父神和神儿子进入我们生命中的方式。耶稣在约翰福音十四章 23 节中说：「人若爱我，就必遵守我的道；我父也必爱他，并且我们（父神与神子）要到他那里去，与他同住。」我们对待圣经的态度，显示出我们爱耶稣的程度，以及多少从神而来的丰盛会进入我们生命中。当我们阅读或聆听神的话时，态度应当如同圣父、圣子亲自站在我们面前一般。

喜乐和结果子的关键

这种敬畏神、看重圣经的态度，反成为我们经历喜乐的关键，而这喜乐惟有神能赐予。诗篇二篇 11 节，诗人劝勉我们：「当存畏惧事奉耶和华，又当存战兢而快乐。」

这里所形容的画面极其美好且平衡，我们因着神的怜悯而欢喜，同时也因祂的可畏而战兢。

初代教会中，处处可见这种敬畏与激励之间的平衡。使徒行传九章 31 节中，说到犹大、加利利和撒玛利亚境内各处的教会时提到，「凡事敬畏主，蒙圣灵的安慰，人数就增多了。」在一般人看来，敬畏主和蒙圣灵的安慰是一种很奇怪的结合。敬畏神和蒙神安慰怎能并列存在呢？然而，正是这种结合，使得初代教会拥有蓬勃的生命力和爆发性的增长。

至此，你也许会有疑问：「敬畏神和夫妻相处有何关系？」我的回答是：「处处相关！」从我身处基督教家庭的亲身经历，以及辅导过许多基督徒的婚姻个案，我可以做出一个简单的结论：「基督徒夫妻双方若不敬畏神，他们的婚姻永远不能成为神所预定的样式。」

这个因素就是影响蛋糕美味的关键。夫妻双方可能都说对的话，作出对的决定，甚至参加最好的婚姻辅导课程，但他们生命中若缺少了敬畏神的积极动力，婚姻就永远不能成为神所期待的样式。

　　夫妻双方能够持守这种态度，是因为他们的背后有个稳固的支柱，那就是他们与主耶稣的个人关系。祂慷慨地邀请我们进入与祂亲密的关系中，但从未限定我们一定要先得着启示，明白祂是威严、可畏的父神。祂是我们的救主，但也是我们的审判者，我们有一天都要向祂交账。我们在新约中，可以藉由祂亲近的两个门徒，约翰和保罗的生命看出这一点。

　　约翰的座位在最后的晚餐中靠耶稣极近，足以倚在祂的怀里向祂耳语。然而，后来当约翰突然在异象中看见基督的同在时，他说：「我一看见，就仆倒在祂脚前，像死了一样。」（启示录一章 17 节）

　　保罗也是一样。他一直享受与主亲密相交的关系，但保罗从未忘记将来有一天，他要和每个基督徒一样，在基督的审判台前为自己的一生向主交账。保罗以此为前提，在哥林多后书五章 10 ～ 11 节中写道：

> 「因为我们众人必要在基督台前显露出来，叫各人按着本身所行的，或善或恶受报。我们既知道主是可畏的，所以劝人。但我们在神面前是显明的，盼望在你们的良心里也是显明的。」

　　正因保罗体会到基督的可畏与威严，他的信息才能如此地具有说服力。

　　当一个男人内心充满敬畏，愿意调整与妻子的关系，而妻子也在灵里作出同样的响应时，他们的婚姻就会实现神在圣经中所彰显的计划。他们彼此将会牢记神在其生命中所托付的重责大任。丈夫可以藉由他对待妻子的行为，明白基督对祂的新妇——教会的心意；妻子这一方也会学习以教会响应基督的方式来回馈丈夫。夫妻双方当然都会有缺点、失职之处，但在各自悔改、寻求饶恕的过程中，这些都会被掩盖了。

　　就像夏夜里吹来的一阵凉风，敬畏神的态度可以缓和并消解婚姻中各种难免的挫败和龃龉；夫妻双方都会在神所赋予的角色

中找到满足感，进而在和谐中达到合神心意的连结，也就是神所说的「二人成为一体」。

6. 和谐婚姻的属灵权柄

夫妻和谐相处，是神从天上倾倒给人们的美好祝福之一。然而，好处还不止于此，它是开启属灵权柄的门户；相对来说，很少有基督徒能够真正进入其中。

我们已经看到，神为亚当造一个妻子的目的。现在，我们再往前看神造人类的起初目的。

「神就照着自己的形像造人，乃是照着祂的形像造男造女。神就赐福给他们，又对他们说：『要生养众多，遍满地面，治理这地，也要管理海里的鱼、空中的鸟，和地上各样行动的活物。』」

（创世记一章 27～28 节）

神并没有将治理全地的权柄单独交给亚当，祂乃是同时吩咐亚当和夏娃两人；祂希望男人与女人一同为祂治理全地。

我要提出的是，在属灵争战和权柄的运用上，一对已婚夫妇的和谐与合一，是最强而有力的武器。这也是神让人治理全地的方法，不是单靠男人，也不是单凭女人，而是男女在属神的婚姻模式下成为一体，他们因此有权柄代表神进行治理。

当身为基督徒的我们意识到，我们正介入一场生死决战，与那看不见的邪恶势力搏斗时，我们很快就会明白夫妻同心赢得属灵权柄的重要性。保罗在以弗所书六章 12 节中描写这场争战时说道：

「因我们并不是与属血气的争战（原文作「摔跤」），乃是与那些执政的、掌权的、管辖这幽暗世界的，以及天空属灵气的恶魔争战。」

然后，保罗在以弗所书六章 18 节中，启示了这场争战的战场是在祷告的领域里。「靠着圣灵，随时多方祷告祈求」，当一对夫妇达成合一这项重要的条件时，他们在战场上将会所向无敌。

合一的祷告

在马太福音十八章 18 ～ 20 节中，耶稣解释基督徒如何在祷告生活上变得无可抵挡：

> 「我实在告诉你们，凡你们在地上所捆绑的，在天上也要捆绑；凡你们在地上所释放的，在天上也要释放。我又告诉你们，若是你们中间有两个人在地上同心合意地求什么事，我在天上的父必为他们成全。因为无论在哪里，有两三个人奉我的名聚会，那里有我在他们中间。」

人们只要同心合意，祷告就得以成立；祷告的人数只需两、三人即可在地上施行捆绑或释放，在天上成就捆绑或释放。希腊文的涵义是「天上也将不断地捆绑或释放」，所以我们在地上所做的，「天上也会不断地成就」。

这是很激励人的，因为这意味着我们在地上所说的，决定了在天上所发生的事！我们也许认为我们是在等神动工，通常那也是不错的，但有时候是神在等我们行动，也就是主动权取决于在地上的我们。我们如果满足了某些条件，不论在地上宣告什么，在天上就如同立了一条命令般地有效。如果对地上的某件事说：「我捆绑它」，那么同一时间在天上它就被捆绑了；或者我们在地上说：「我释放它」，它在天上同时就得获释放了。

人们在地上所宣告的，其实能决定他们在天上会成就的事。我们有时会觉得，是我们在等候神动工，这也许是真的，但也有很多时候是神在等候我们行事。其中的重点，就是在地上的我们要先开始行动。唯有在我们的资格符合时，我们在地上的宣告才会有功效，如同成就了在天上的旨意。如果我们在地上祷告某件事要被捆绑，那么在这个时刻，这个捆绑的动作在天上就会被完成。或者，我们在地上祷告某件事要被释放，那件事在天上就得释放。

举个例子，假设有一对基督徒夫妇，相信神呼召他们去一个对福音关门、拒绝一切有关基督教事工的国家，他们不管如何申请签证都被拒签，而且也不可以重新申请。

后来，圣灵让他们看见一幅图画，画面中的耶稣正是那位「拿着大卫的钥匙、开了就没有人能关、关了就没有人能开的」（启示录三章 7 节）。他们于是同心合意地祷告，求神「捆绑」那国家中企图敌挡为基督作见证的属灵势力，并求神「释放」他们所需要的签证。

他们在之后的数个月中，各自都经历了舍己的过程。丈夫拒绝了一次吸引人的升迁机会，因为他必须对这个异象付出更多的心力，以致他无法赴海外宣教。妻子则同意把家搬到一个更小、生活更不方便的地方，好使他们能存钱准备旅费，去到神呼召他们前往的国家。经历了数月漫长的等待，响应神呼召的盼望好像都失去了。他们却如亚伯拉罕那样：「在无可指望的时候，因信仍有指望」（罗马书四章 18 节），仍然继续地祷告。

之后，丈夫突如其来地接获一份海外管理的要职，而这个国家正好是神呼召他们前往的国家！原本关闭的宣教之门，却因着他成为公司的驻外特派员、有助于提升该国经济而大大敞开。

这个故事的内容结合了几对基督徒夫妇的经历，却也彰显出合一祷告的功效。当然，他们的婚姻必须先符合得着属灵权柄的资格，因为那是一体两面的。

首先，我们的焦点必须聚集在耶稣身上。在马太福音十八章 20 节中，希腊原文明确地说：「两三个人奉我的名聚会……」，耶稣必须是我们的中心。我们的合一不能只着重在教义或宗派的基础上，它必须建立在耶稣和祂的工作上。

我们可以再一次从马太福音十八章 19 节中，希腊原文 sumphoneo 所翻出来的「同心合意」这个字来思考，英文字中的交响乐（symphony）也是从这个字而来。耶稣在此所说的并非教义或理性上的认同，祂所指的是更深或更高的层次：属灵的和谐，这需要两三个人在灵里合一，以致他们的思想、言语、祷告都如同一人。

正如我们所知，耶稣对二人以上的合一，应许是极大的：「凡你们在地上所捆绑的，在天上也要捆绑。」此外，「若你们中间有

两人在地上，同心合意的求什么事，我在天上的父，必为他们成全。」这些应许着实令人惊奇、赞叹，正如我在前文说过的，人们在地上所宣告的，其实能决定他们在天上会成就的事。

你可能会想，这怎么可能？我个人的理解是，只有圣灵能够将两个人带入完美的合一境界。唯有那些倚靠神的人，祂才能在他们身上做工。两人能够同心的事实，证明他们乃是完全降服于圣灵。这意味着，他们不单在彼此间有合一的祷告，他们与天父之间也有合一的祷告。在这个基础上，神让自己倾听且响应他们的祷告。

真正的合一与和谐是不容易达到的。当两位合音天使唱出不搭调的和声时，那种声音是难听的。那么，一对夫妇在祷告时看似合一、又不完全合一的光景，又是如何呢？他们的祷告在神的耳中听起来又如何呢？实际上神忍受这样的祷告，但祂不打算去响应它们。

由此可见，祷告中的合一是获得属灵权柄的关键。祷告的人数也许在两人以上，祷告者可以是未婚的基督徒，但对基督徒夫妻来说，同心合一的祷告更具挑战性。有一回，我和路得正面临巨大的压力，一位年长、灵命成熟的弟兄对我们说：「我坚信你事工的成功关键在于你们的合一，不要让任何事破坏这样的合一！」

夫妻间要达到那样的和谐一致是不容易的，那要付上代价；惟有当人愿意放下自己为基督、为对方而活时，合一才会临到。

凭着老我的本性不可能达到真正的合一，肉体本身的行为也不可能办得到。惟一的补救办法是：老我必须治死。但感谢神，两千年前当耶稣在十字架上受死时，我们的老我已经与祂同钉十字架了！保罗在罗马书六章 6 节中说：「因为知道我们的旧人和祂同钉十字架……」，他在第 11 节中又继续说到：「这样，你们向罪也当看自己是死的；向神在基督耶稣里，却当看自己是活的。」

决定在于每一个人

必须治死老我的事实，是我们每个人都要面对的；我们也都需要作出个人的决定：我愿意向自己死吗？我是否已经预备好，如同保罗在加拉太书二章 20 节中所说的一样？

> 「我已经与基督同钉十字架，现在活着的不再是我，乃是基督在我里面活着；并且我如今在肉身活着，是因信神的儿子而活；祂是爱我，为我舍己。」

这样看来，十字架使和谐的婚姻生活成为可能，因为那在丈夫里面活着的基督，一定能与活在妻子里面的基督连合。

然后，十字架便为祷告的属灵权柄开了路，使许多的不可能成为可能，「如果你们两人同心合意地认同你们所祈求的事，天上的父将会成就它。」神从未拒绝出自真心、合一的祷告。

不论在婚姻关系或其他的人际关系中，进入合一只有一条路，就是十字架！

第三部分
为父

7. 神的终极启示

天地万物中一个最重要的事实，是神以造物者的身分创造了宇宙；祂在这个被造世界的每个角落都留下了为父的记号。

使徒保罗写道：「因此，我在父面前屈膝（天上地上的各家，都是从祂得名）。」（以弗所书三章 14 ～ 15 节）这里翻译成「家」的希腊原文 patria，是从希腊文「父」（pater）这个字演变而来。因此，这段经文最直接的翻译便是：「我在父面前屈膝，天上地下每一个为父的，都是从祂得名。」

这是一个何等惊人的事实啊！宇宙中所有为父的职分都不是从地上开始的，也不是由时间或人类历史的源头发起的，它始于天上。这个职分最终也归于父神。

永恒的神是我们主耶稣基督的父，圣经许多处都这样描写祂——圣父与圣子间亲密的关系，早在创世之前就存在了。

约翰福音一章 1 节中说：「太初有道（耶稣），道与神同在。」这个事实启示了造物者（神）独特的神性；祂不仅拥有为父的职分，其中还包括了关系上的归属。

约翰一书四章 16 节中，启示了另一个关于神永恒属性的事实：「神就是爱。」如果我们把这个事实与神为父的事实结合在一起，就会得到一个美好的结论，亦即为父的神以爱创造了宇宙，而万有则以无数的方式来表达、实践祂因着爱所完成的工作。

受造的世界回应父神

神创造的万物以各种合宜的方式响应祂的爱，天体也与其创造主一同协调运转。「祢安置月亮为定节令；日头自知沉落。」（诗篇一〇四篇 19 节）众星也各按其名响应造物主的呼唤，「祂数点星宿的数目，一一称它的名。」（诗篇一四七篇 4 节）试想宇宙中的亿万颗星星神一一知其名，这是不是很令人兴奋？

　　不论大自然的万象如何变幻莫测，它们总是臣服于创造主之下。「火与冰雹，雪和雾气，成就祂命的狂风。」(诗篇一四八篇 8 节)

　　在动物的世界里也是一样，「少壮狮子吼叫，要抓食，向神寻求食物。」(诗篇一〇四篇 21 节) 诗人描写道：「那里有海，又大又广；其中有无数的动物。大小活物都有，……这都仰望祢按时给牠食物。」(诗篇一〇四篇 25、27 节)

　　论到雀鸟，耶稣告诉我们：「你们的天父尚且养活牠……」(马太福音六章 26 节) 祂在马太福音十章 29 节中又说：「两个麻雀不是卖一分银子吗？若是你们的父不许，一个也不能掉在地上。」路加福音十二章 6 节中耶稣说到：「五个麻雀不是卖二分银子吗？但在神面前，一个也不忘记。」

　　两只麻雀卖一分银子，但五只麻雀只卖两分银子。也就是说，如果你买四只麻雀，第五只就是免费送的。虽然如此，连那第五只麻雀神都看顾。

　　其实，神对所造的每样事物都细心看顾。祂为父的爱延伸到宇宙中每一个受造物，扩及祂所造的一切。

　　一位十九世纪的传道人慕迪 (Dwight Moody) 写到，他接受基督为个人的救主之后，在他眼中的世界。

　　「我还记得我信了基督的那天早晨，我从自己的房间走了出来；那日的阳光比往日更灿烂，太阳好像只为我欢笑。当我走到波士顿街区的公园时，我听到鸟儿在林中欢唱，它们好像都正在对我歌唱。你知道吗，从那时起我爱上了鸟儿，以前我从来没有关过它们，但我好像一下子爱上了整个世界。」

　　这位伟大的创造主从那天起成为慕迪的天父；祂让这初生的婴孩瞥见祂看这个受造世界的眼光。正如慕迪所见到的，受造万物都沐浴在创造主无法测度的大爱之中。

　　只有两种受造物离弃、罔顾神的爱，那就是撒但和牠的差役，以及堕落有罪的人。撒但和牠的差役因着太过悖逆，以致无法与神恢复关系。然而，神却差遣了耶稣，使堕落的人可以与神和好。

耶稣是如何彰显天父的

耶稣被父神差遣是为了成就两个目的，首先是消极目的，其二则是积极目的。消极目的是祂为我们的罪受刑罚，使我们得蒙赦免并与神和好。积极目的则是要向我们启示神是父神，并要使我们成为神家中的成员。

许多教会都强调，耶稣来到世上的消极目的：「为我们的罪作赎价，使我们与神和好。」强调这个目的是对的，也是必要的第一步，但它绝对无法取代第二个目的的重要性，亦即「启示神为父，使我们成为祂家中的成员」。

耶稣在约翰福音第十七章中献上「大祭司的祷告」，其实祂是在为门徒代求；这是祂被捕、受审、钉十字架之前，最后一次与他们个人交通的时刻。耶稣在这篇祷告的开头和结尾，都说到愿祂的门徒认识神的名：

> 「祢从世上赐给我的人，我已将祢的名显明与他们。他们本是祢的，祢将他们赐给我，他们也遵守了祢的道。」
>
> （约翰福音十七章 6 节）

> 「我已将祢的名指示他们，还要指示他们，使祢所爱我的爱在他们里面，我也在他们里面。」
>
> （约翰福音十七章 26 节）

耶稣希望祂的门徒认识的，是一个什么样的名字？不是耶和华或雅威（Yahweh），犹太人从一千四百多年前就知道这个名字。但另有一个名字在旧约中早有默示，却从未公开地启示出来，那就是神的名字被称为「圣父」。耶稣在大祭司的祷告中，有六次提到神为圣父，祂说：「我已将祢的名显明……」

韦式字典称「显明」一词，为「借着表明或展现来证明确有其事」。耶稣不只给祂的门徒一个有关「神」的神学定义，祂乃是借着生命的榜样，把神为父的道理显明给祂的门徒看，祂的生

命乃是不断地与神相交，完全倚靠神。门徒们从未见过任何人拥有这种生命。

约翰福音十四章 6 节中耶稣说到祂来这世上的目的，祂说：「我就是道路、真理、生命……」这话带出一个问题：如果耶稣是道路，祂要将人引往何方？只有道路本身是不完全的，道路只是将人引向终点。但那最后的终点在哪里呢？这节经文的后半段告诉我们：「若不借着我，没有人能到父那里去。」

我们常说，主耶稣基督是我们的救主、代祷者、中保等等，这一切的说法听起来都不错，但并未表达出耶稣最终要把人引向父神的目的。

我们从新旧约可以看出，神透过众先知以及祂借着耶稣所传达的启示之间，有着很大的不同。希伯来书的作者在希伯来书一章 1～2 节中提到：「神既在古时借着众先知多次多方地晓谕列祖，就在这末世借着祂儿子晓谕我们……」，若按圣经新译本的翻译，第 2 节的最后一句话是：「在这末后的日子，却借着祂的儿子向我们说话。」

希伯来书中想要表达的是：神不只要耶稣传达一些超越旧约先知的信息，它更表明了耶稣是一位完全不同的使者。耶稣不单单是一位先知，祂也是圣子，所以祂带来的是一个从前并没有赐下的启示。惟有儿子（圣子）才有权柄传达这个启示，表明神是我们在天上的父。

耶稣在马太福音十一章 27 节中强调，只有祂才能把神是父亲的启示带给世人：

> 「一切所有的，都是我父交付我的；除了父，没有人知道子；除了子和子所愿意指示的，没有人知道父。」

认识父神的益处

当我们进入神为天父这个完全的启示时，多数人（包括许多亏缺神荣耀的基督徒）都能从中领受五大益处：

一、自我认同

现代人普遍都有自我认同的问题。七〇年代美国当红的电视连续剧和畅销书《根》，描写的就是一名非裔美国人寻根的故事。

圣经和心理学都相信一个人若要回答「我是谁？」这个问题，一定要先知道自己的父亲是谁。西方世界里最近两代的亲子关系遭到极度毁坏，使得现代社会正在经历身分认同的危机。大部分人是没有根的，也没有归属感。

基督教解决身分危机的方法，是借着爱子耶稣基督，把人引进与父神直接相交的个人关系中。那些真正认识神是天父的人，不再有自我认同的问题。他们知道自己的属天身份，知道他们是神的儿女。他们的天父创造了宇宙；祂爱他们，祂关心他们。他们归属于这宇宙中最好的家庭！

二、自我价值

我曾经与无数人交谈过，发现他们当中最大的问题，是不能充分地欣赏自己的能力。他们把自我的形像看得很低，以致承受许多属灵上、情感上的痛苦。在我辅导这些人时，我总会和他们分享一处经文，就是约翰一书三章 1 节：「你看父赐给我们是何等的慈爱，使我们得称为神的儿女。我们也真是祂的儿女。世人所以不认识我们，是因未曾认识祂。」

一旦我们真正领会自己是神的儿女，了解神格外地疼爱、关心我们，祂从来不会太忙，并且渴望与我们建立直接和个人的关系，我们就会发现自我的价值。我已经看到许多人在生命中经历了这种改变。

三、意识到有一个天家

自从我得救以来，我相信如果我一直对主忠心，我会在死后进入天堂。但我从来没有真正想过天堂是我的家，直到一九九六年，我在一次个人直接与神相遇的属天经历中，开始认识到神是

我的天父。从那时起，我便笃信不疑地认定天堂就是我的家。不久之后，我对路得说：「当我死的时候，你可以在我墓碑刻上这几个字，当作墓志铭：回家了。」

我开始想起那个躺在富户大门外的穷乞丐，当他死后，「被天使带去放在亚伯拉罕的怀里」（路加福音十六章 22 节）。圣经原文是说，有一队天使护送他去到天堂（其实，只要一位天使就足以把乞丐孱弱的身躯带走）。乞丐备受礼遇地被送到亚伯拉罕的怀里。我相信，每个属神的儿女也必要如此，主会派一队天使护送我们每一位回到永恒的天家。

有一回，我和路得认识了一位宝贵的夏威夷姊妹（且称她为玛丽亚），她忠心地事奉主多年。她生前常对朋友说：「我从来没有见过天使，我真希望有一天能见到。」

当玛丽亚因癌症临终前，她的教会总有一名姊妹会在她病床旁照顾她。有一天，玛丽亚的脸充满了神的荣光，她伸开双臂说：「我看见他们了，我看见许多天使了。」然后，她就离世了，护送她的天使们带她回天家了。

约翰．韦斯利（John Wesley）有一次听到他教会一位姊妹已经过世的消息，他说：「她临终前的面容是满有荣光，抑或只是一脸安详？」我相信神会为祂的每个儿女预备一队天使，护送他们荣耀地归回天家。

四、绝对的安全感

我们如何看待宇宙的起源？是因着大爆炸而来的吗？如果大爆炸真有其事，它何时会再来一次，把我们轰出地球？「大爆炸」只是某种漫无目的、残忍无情的力量在运作？或者，它是出于一位父神之手？

一旦你明白，你一切生活的背后都有一位为父的神在掌管，你将会成为一个完全不同于以往的人。

我的一个朋友，有一回深夜里走在一个空荡荡、狂风大作的城市街头，他感到既迷惘又孤独，不知该如何回到他前一晚过夜的地方。当他站在街角时，他开始一遍又一遍地说：「父神、父神啊！父神、父神啊……」

在他这样做的时候，安全感临到了他。尽管周遭的一切仍是寒冷、荒凉，但他知道他是神的儿女，身处在神为祂每个儿女所造的宇宙。后来，他也找到了回家的方向。

想象一个孩子安稳地靠在父亲的膀臂中，他的小脸紧贴着爸爸的肩头。周围的环境也许尽是迷惘、痛苦，世界看似将要分崩离析，但那个孩子却很安详，并没有察觉到周围正在发生的一切；他安稳地靠在父亲的膀臂里。

我们也是一样，被我们的天父紧抱在祂的臂弯里。耶稣使我们确信，天父比我们外面的一切都大，没有人可以把我们从祂的手中夺走。

耶稣也曾给予祂的门徒这样的保证：「你们这小群，不要惧怕，因为你们的父乐意把国赐给你们。」（路加福音十二章32节）我们也许只是一只小羊，四面野兽环绕，狂野咆哮。但如果我们的天父已决定将祂的天国赐给我们，宇宙中就没有任何力量可以阻止我们得到它！

五、事奉的动机

保罗在腓立比书二章3节中，警告我们作神仆人的，「凡事不可结党，不可贪图虚浮的荣耀……」多年来，我观察到教会长久以来最普遍的问题是事奉者怀有个人野心，并且与他人争竞比较。我要先补充一点，我首先在自己的生命中观察到这个现象。

我们常犯的错误，就是把安全感与成功混为一谈。如果我建立了一间最大的教会、举办一场最大的特会、搜集了最长的通讯名单，我就安心了。那是一种错觉。事实上，我们愈是专注在个人成功的目标上，就会愈缺乏安全感。我们的内心可能因着别人

建立了更大的教会、举办了更大的特会，或是搜集到更长的通讯名单，而不断受到威胁。

我却在耶稣的生命中找到完美的榜样，祂说：「那差我来的是与我同在；祂没有撇下我独自在这里，因为我常做祂所喜悦的事。」（约翰福音八章 29 节）

我渐渐不以个人的野心作为我事奉的动机；我发现了一个更美、更纯洁的动机，那就是单单为了讨我父神的喜悦。我学习在面对各样的情况和决定时，问自己一个问题：「我怎样可以讨我的父神喜悦？」我在沮丧、灰心、甚至失败的时刻，都会尝试转移焦点，以讨神喜悦的态度来解决问题。

作为基督的仆人，我们只要以讨父神喜悦为动机，彼此间就不会再有争竞和比较。合一和彼此相顾，将会取代争竞及自私自利。

我们会因着认识父神是我们天上的父而明白这一切，甚至明白更多。如果我们找到了耶稣这条道路而欢喜快乐，就不可满足于停留在道路上而不到达终点，这终点就是认识神是天父。我们若忽略了这一点，将会错失神差耶稣来到世上的目的。

神是天父的这个启示，将我们自然地引向下一个主题：有多少世间的父亲，在他们的家中代表了父神，而行使他们在地上的职分呢？

8. 父亲作为祭司的职分

神的真理不只写在纸上，也放入人心。感谢神，祂透过圣经赐给我们话语。但耶稣说：「我就是真理。」抽象的真理不能使人满足，满足我们的真理是有位格的。我们需要明白抽象的真理，也需要和有位格的真理建立关系。

当我还是哲学教授时，我整日沉浸在探讨生命及其意义的动人理论中，像是柏拉图的「理想国」。但我不可能活在这样的空中楼阁。虽然我必须花费许多时间要与这些「崇高的理念」为伍，其他时候仍需处理日常琐事。我从不感到满足，毕竟单纯抽象的真理不能完全满足人的需要。然而，当我遇见耶稣时，我也遇见了一个有位格的真理；我经历到一种完全的满足感，这是抽象真理未曾带给我的。

就某种意义来说，神将祂为父的职分托付给每个父亲。当男人履行为父的责任时，就能体现圣经中最根本的启示。每个男人都可以透过父亲角色的扮演，呈现父神的形像，因为为父的职分乃是预表神最终极的启示。其实，每一个父亲在其家中便是神的代表，他是别无选择的！问题在于：身为父亲的男人，是否能反映神真实的形像？

现今世代最大的咒诅，便是父亲无法胜任其职。有人在街上见证基督，他对一个年轻人说：「神想要成为你的父亲。」年轻人答道：「我父亲是我最恨恶的人。」他的父亲不能帮助他认识神，反成阻碍！我们都知道，世界上的确有这样的父亲。

我们再进一步探讨父亲的形像：

「我愿意你们知道，基督是各人的头；男人（丈夫）是女人（妻子）的头；神是基督的头。」

（哥林多前书十一章 3 节）

以下简单的图示，可用以表达自上而下的权柄关系：

父神
↓
基督
↓
丈夫
↓
妻子

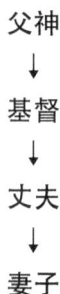

我们在这个连锁关系中，可以看到四种角色都有其对上或对下分别相属的关系。基督向上与父神相连，向下则与丈夫相连。丈夫向上与基督相连，向下则与妻子相连，亦即他与家人相连。

同样地，基督向男人是代表神，男人则是向家人代表基督。这对一个父亲而言，可是相当大的挑战！

我相信一个父亲应当代表基督，对他的家人履行有关基督的三大职分：作祭司、作先知和作君王。在本章和接下来的两章中，我们要来仔细察看每一种职分。

一个父亲作为祭司的职分是否成功，将会决定他在先知和君王的职分上是否也同样成功。如果他能成功履行祭司的职分，他大概也能在其他两样职分上成功。但如果他不懂得如何作家人的祭司，他在家中就很难胜任先知或君王的角色。

让我们先来探讨一个描述祭司职分的用语，就是「献祭」。根据圣经的模式，只有祭司才可以献祭。因此，身为祭司的父亲被赋予神圣的义务，要为他的家人献祭。

一个父亲可透过以下四种主要途径为他的家人献祭：

一、 献上感恩的祭。

二、 献上代祷。

三、 为救恩开路。

四、 为了他的子女操练信心。

一、献上感恩的祭

在新约中，我们首要的祭司职分可见于希伯来书十三章 15 节：

> 「我们应当靠着耶稣，常常以颂赞为祭献给神，这就是那承认主名之人嘴唇的果子。」

圣经在此所说嘴唇的果子就是「以颂赞为祭」，而献这祭的人就是「承认主名」的人。神在旧约中晓谕祭司亚伦及其子孙为以色列人祝福，是以这句话作为结尾的高潮：「他们要如此奉我的名为以色列人祝福；我也要赐福给他们。」（民数记六章 27 节）

通常我们能为别人献上最有功效的祷告，就是奉主耶稣的名赞美和感恩。当我们奉耶稣的名为人祷告时，便是恳求神将福分倾倒在他们身上。

我们很难想象代祷者单是赞美神就能使代祷对象的灵得着多大的提升。代祷服事的主要内容就是在此。

你也许听说过「祷告的海德」（Praying Hyde）这位杰出的宣教士，他在十九世纪于英国的殖民地、印度北部的彭加伯（Punjab）宣教。海德的主要事工是祷告，其他的则为次要。

早期时，他遇到一位印度传道人，他认为这位传道人的事工无果效且为人冷漠。当他开始为这人祷告时，他说：「主啊，祢知道他是多么……。」

他正要脱口说出：「某弟兄是这样、那样地冷漠……」时，圣灵以箴言三十章 10 节的经文拦阻了他，这节经文说：「你不要向主人谗谤仆人……」

因此，海德弟兄改变了他的祷告方式；他开始思想那个弟兄生命中每个良善之处，并为他感谢神。不到几个月，那个弟兄就成为一名非常杰出、成功的传道人。

是什么因素改变那个弟兄？并不是海德在祷告中指责他，而是海德在祷告中，把他当作向神赞美感恩的对象。

我要对身为丈夫、父亲的人所说的话是:「多花一点时间为你的家人感谢神,如此,你就能为他们创造一个受造就的环境,使他们更容易成功。」

美国曾经流行一种贴在车后的标签「你今天拥抱你的孩子了吗?」那是一个重要的问句。但是,另外也有一个很重要的问句:「你今天为你的孩子感谢神了吗?」

神教导我,若我不能为他人感谢神,我可能也没有权利为那人祷告;我不如不要祷告,否则我的祷告可能会带来伤害而非益处。

二、献上代祷

让我们来看看一位旧约人物:约伯,他是家中祭司的典范。我们在约伯记的开头读到,约伯在神面前的为人完全而正直。他的七个儿子、三个女儿每星期聚集一次,他们会在其中一个兄弟的家里聚餐、彼此交通。约伯在每个周末总在一大早就起身,为他的儿女献祭说:「恐怕他们犯了罪,心中弃掉神。我要为他们献上燔祭。」

当约伯为他的儿女献祭时,他是在为他们祈求神兑现献祭的好处。代祷就是为代祷对象,支取献祭的好处。

耶稣介入人类的历史,在十字架上成为祭物而替我们受死。当我们为儿女代祷时,就是在为他们支取基督舍命所带来的益处。

吹毛求疵的人可能会说:「约伯为儿女献祭的结果,看来并不怎么好!」的确,他在一次灾难中失去所有的儿女。正因如此,我们更该详细察验圣经看待此事的观点。

约伯最后在为批评他的朋友代求之后,才通过了这个严峻的考验,光荣地得回原先所失去的一切(参考约伯记四十二章 8 ～ 10 节)。我们在此所学到的功课就是:我们必须不被那些批评我们的人所压倒,反而应当把他们的指控视为成长的台阶。当我们为他们祷告的时候,神就把祂的恩典释放到我们身上了。

我们来看一看约伯被恢复之后的情况：

> 「这样，耶和华后来赐福给约伯比先前更多。他有一万四千羊，六千骆驼，一千对牛，一千母驴。他也有七个儿子，三个女儿。」
>
> （约伯记四十二章 12 ～ 13 节）

约伯得到的牲畜数目是原先的两倍，但他后来所生的儿女和原先的数目相同。神为什么不把儿女也加倍赐给他呢？我的理解是，约伯的祷告早已得到响应。他的第一批儿女离开人世进入永生，他们在神的保守下与已故的义人同在一处，等待耶稣基督的救赎。因此，神虽然只赐给了约伯十个儿女，其实祂已经加倍地赐给他了，因为先前的十个只是先走一步，他们要在永生里等待与父亲相聚。

所以约伯的代祷的确是有回报的！其实这更显明他需要为家人祷告的迫切性。这个敬虔的男人丝毫不知道灾难即将临到，他的儿女在顷刻间被夺去性命，他若在灾难后才祷告就太迟了。但约伯事先就已经向神献上祷告。

每个父亲都是他家庭的祭司；他们需要效法约伯，没有人能够预测难以逆料的灾难是否会在顷刻间，把我们的家人突然带离人世。因此，每个父亲都有责任，在神面前天天为他的全家代求。

我们也要谨防一种错误的态度，就是只求地上可见的短暂事物；因为祷告的真正果效惟有在永生中才能看出。

三、为救恩开路

我们可以在逾越节的条例中，看到父亲担任家中祭司的极佳典范。以色列人借着逾越节的羊羔，记念他们从埃及为奴之地被赎出，成为一个新的民族。埃及人因为没有祭物，就必须承受神在他们的长子身上所施行的审判。

逾越节的仪式乃是由父亲亲自执行，家中其他成员都无法取代这个属于父亲的职分。每一家的父亲都要负责为家人预备祭牲，正如主对摩西所说的：

> 「你们吩咐以色列全会众说：本月初十日，各人要按着父家取羊羔，一家一只。」
>
> （出埃及记十二章 3 节）

为了使这祭生效，父亲还需要采取以下行动。摩西告诉以色列众民说：

> 「拿一把牛膝草，蘸盆里的血，打在门楣上和左右的门框上。你们谁也不可出自己的房门，直到早晨。因为耶和华要巡行击杀埃及人，他看见血在门楣上和左右的门框上，就必越过那门，不容灭命的进你们的房屋，击杀你们。」
>
> （出埃及记十二章 22 ～ 23 节）

是由谁负责挑选羊羔？是由谁负责宰杀羊羔？是由谁负责把血洒在门楣上和左右的门框上？这些都是由每一家的父亲来执行。

也就是说，每一家的父亲都被神指派担任祭司的职分，他代表家人确保神所预备的救恩能在家中发挥功效。

今日的父亲献祭的内容已经不同，但他的祭司职责仍然存在。

四、为了他的子女操练信心

马可福音第九章中，记载着一个患癫痫的男孩戏剧化的经历，使我们从中学习到许多信心的功课。门徒们无法医治那个男孩，因此他的父亲把他带到耶稣面前。耶稣在听完父亲诉说孩子一切的苦难之后，回答说：

> 「你若能信，在信的人，凡事都能。孩子的父亲立时喊着说：我信。但我信不足，求主帮助。」

（马可福音九章 23～24 节）

这个故事让我印象深刻是在于，那个男孩无法自己信靠神，但主要求那个父亲为了他的孩子相信神的作为。我相信这是一个原则，也就是：神要求父亲们，为了他们的子女操练信心。

当我投入医治释放的事工时，我发现耶稣的事奉中有一项原则非常有用。通常，每当有人在聚会中来到台前，身边带着孩子对我说：「请为他（她）祷告」，我学会问这样一个问题：「你是这个孩子的父母吗？」通常答案是：「不，我们不是父母。他的父亲不是信徒，但我们想带这个孩子来接受祷告。」

我挑战你深入了解耶稣的事工。除非孩子的双亲或其中之一有信心，否则耶稣从来没有自行为一个孩子祷告过。在耶稣的事奉中，从未见过他在孩子的双亲皆缺席的情况下为孩子祷告的例子。父母亲的职责之大，远超过我们许多人愿意承认的范围。

倘若孩子的父母都不是基督徒，该怎么办呢？至高的神总能赐给一些人特别的信心，虽然他们与那个孩子并没有血缘的关系。我在服事的过程中，便看过许多神如此动工的例子。

然而，我在此想强调的是父母亲正面而非负面的角色：父母亲乃是受神托付，有责任代表子女操练信心。

让我总结一下，父亲作为家中祭司的四大责任：

一、献上感恩的祭。

二、献上代祷。

三、为救恩开路。

四、为了他的子女操练信心。

我在下一章中，要特别来谈父亲的第二大责任：作为家庭的先知。

9. 父亲作为先知的职分

现在让我们来看看，父亲作为家中先知的这个责任。父亲担任祭司和担任先知的不同点在于：当父亲是祭司角色时，他代表家人向神交账；当父亲是先知角色时，他代表神向家人传递神的旨意。同时，父亲不仅可以透过言语，也可以透过行为来传递先知的信息。

一、 以榜样代表神

一个男人所能做到最像神的行为，乃是借由他的榜样向家人代表神。但相对地，一个父亲也有可能在他的家人面前扭曲了神的形像。

这个父亲是否慈爱、亲切、有怜悯、坚强？如果一个孩子的父亲拥有这些特质，他比较容易想象神是这样的神。但如果这个孩子的父亲是苦毒、怨恨、挑剔、经常不在家、无责任感，那么他幼小的心灵难免会对神有负面的想法。通常他必须十分努力，才能破除这种深植于童年的误解。

我在前一章中曾提过一名年轻人，他说：「我父亲是我生命中最恨恶的人。」他的父亲显然在神的形像上误导了他。

父亲要如何在家庭中发挥先知的功能，使家人获益，而非受害？最好的方法是：透过爱。每个孩子对于爱都会有一种与生俱来的渴求。母亲的爱是非常美好、不可取代的，但那还不够。父爱有着不同的特质，即使是婴儿，也能感受到父爱所传递出的一种力量、安全感、受重视以及有价值感。

当孩子的生命中缺乏这种爱时，会导致他的心中产生一种内在深处的创伤，最好的说法或许就是被拒绝——觉得自己不重要，没人要。正是这种终极创伤使耶稣死在十字架上，祂遭到父神的拒绝。祂大声呼喊说：「以罗伊！以罗伊！拉马撒巴各大尼？」（翻出来就是：我的神！我的神！为什么离弃我？）（马可福音十五章34节）但却得不到响应。然后祂低下头，气就断了。

这是耶稣最终要忍受的可怕结果，只因祂代全人类向神认罪。人类的罪恶使父神掩耳不听祂爱子的呼喊。但是，耶稣仍为了我们被弃绝在十字架上，使我们可以蒙神的接纳。

现代社会成千上万的人身上带着被弃的创伤。有些人从来就不知何为父爱或母爱；有些人只知道母爱，却不知道父爱。在大部分的情况下，这种被弃的创伤是从来没有被真正诊断出来的；有人带着遗憾过完一生，却从来不明白自己真正缺乏的是什么。

创伤的病征可以分为积极和消极两种。消极的病征可能会以如下的形式表现：忧郁、愤世嫉俗、缺乏动力、没有盼望、以致出现自杀倾向。积极的病征则可能是：挫折、忿怒、拒绝权柄、暴力、犯罪，乃至于谋杀。西方社会有许多成因不明的犯罪和暴力事件，在我看来，这些病症可以追溯到一个既简单又根本的源头：父亲没能爱他们的子女。

有时候问题不在于父亲不爱子女，而是他们不知道怎样表达父爱。缺乏表达的爱，不能满足孩子的需要。

我在成长的过程中，各方面都受到良好的照顾。但我的家人是英国社会的中坚份子，他们极少表现出温暖的情感。这不是说他们心里没有爱，而是他们受到社会规范的约束而不轻易表达感情。比如，我不记得父亲是否曾把我抱在他的膝上。这在我的人格上留下了一道缺口，而这缺口是在我与父神逐渐进入更深的关系中才补上的。

但我发现，父神的爱既不软弱也不情绪化。祂不希望祂的儿女放纵情绪或是胡思乱想。祂以严格的管教来表达祂的爱：「因为主所爱的，祂必管教，又鞭打凡所收纳的儿子。」（希伯来书十二章 6 节）

所罗门在整本箴言里，不断强调父亲施行管教的重要性和迫切性。如：「不忍用杖打儿子的，是恨恶他；疼爱儿子的，随时管教。」（箴言十三章 24 节）又如：「管教你的儿子，他就使你得安息，也必使你心里喜乐。」（箴言廿九章 17 节）

经验证实了所罗门这些教训的可靠性。在那些不管教孩子的家庭中，鲜少会有平安。

父亲既然是一家之主，所有的管教都应当从他而出，尽管母亲有时也可以施行管教。另外，父母的管教应当一致，这很重要。父母双方应当遵守彼此赞同的管教方式，否则子女就会设法在父母之间挑拨离间。

在实行管教时，要注意避免两种极端。第一种极端是养成孩子的叛逆性格。父母为了防止孩子养成叛逆性格，必须管教确实、前后一致，不要容让孩子变得任性、不负责任或是无礼地顶嘴；父母要训练孩子们能实时、安静地按着所吩咐的去做事。

另外一种相反的极端，就是灰心。父亲如果对孩子过分严厉、挑剔、强求，孩子的信心受到打击，容易出现这种态度：「反正没用，我无论做什么都不能使爸爸高兴。我不如放弃算了。」

保罗针对这两种极端的管教曾说：「你们作父亲的，不要惹儿女的气，恐怕他们失了志气」（歌罗西书三章 21 节），和「你们作父亲的，不要惹儿女的气，只要照着主的教训和警戒养育他们」（以弗所书六章 4 节）。

我辅导过许多在情感上有严重问题的人。有太多人脆弱的情感或低落的自我价值感，是源于童年时父母某次的不当管教，可能是批评、取笑、当众羞辱或更糟糕的对待；孩子的心灵中，因此留下经过二、三十年也无法愈合的创伤。

身为父亲，你必须一方面保持管教，一方面避免使用不公平或过分的手段强求，因而造成孩子的灰心或沮丧。

二、以教导代表神

在家中施行管教，可以预备你进入第二阶段的先知服事，也就是在家中教导神的道与属神的话语。

当我在肯尼亚的教师进修学院担任校长的时候，我开始清楚明白一件事：如果你不能管教学生，你也不能教导他们。这也是

为什么，现代文化中有如此多不受教的孩子。反之，如果能管教得当，你也就能教导他们了。

保罗说：「你们作父亲的，不要惹儿女的气，只要照着主的教训和警戒养育他们。」（以弗所书六章 4 节）根据这节经文，是由谁负责教导孩子有关神的真理呢？是父亲。但是，通常由谁来做这件事呢？是母亲。然而，这是神的次序吗？不是。如果真要把神的话语如此运用出来，一个约十二岁的男孩可以说：「我想学爸爸的样子当男子汉，他不去教会也不读圣经，所以我也不需要做这些事。」这也是为什么，有些教会中的姊妹人数比弟兄人数多出一倍以上。

在父亲失职的情况下，有些母亲在家被迫担当教导的角色，求神祝福这样的女性！问题在于，许多男孩子就会得到一个错误的印象，认为基督教这个信仰是专为女性而设立的。因此，母亲若承担起教导儿子的责任，她们应当确保在孩子的生命中，有一位男性属灵长辈的帮助。

摩西恳切地忠告，为父者应当在属灵上教导家人，「你们（父亲）要将我这话存在心内，留在意中，系在手上为记号，戴在额上为经文。」（申命记十一章 18 节）换句话说，神的话应当在父亲的生命中显出功效。

我在第 18 节经文中的「你们」后面加注「父亲」这个词，是因为希伯来原文的词性，无法显示在中英文圣经的译本中。希伯来文的动词和人称代名词，是根据说话者的性别而有所不同；在上述经文中，每句话在希伯来文中都是阳性文法。换句话说，摩西在这节经文中主要是对父亲说话，这不表示母亲就不能教导孩子。但这的确指出，每个家庭的父亲应当成为传递教导的权柄所在。

摩西在申命记十一章 19 节中，继续说到：「也要教训你们的儿女，无论坐在家里、行在路上，躺下，起来，都要谈论。」

家庭生活中的每一个场合，都可以是教导子女圣经真理的机会，不要只把它局限在一周固定一次的宗教聚会形式中。

多年来，我帮助过许多牧者的子女。对这些孩子来说，信仰常常像是一件特别的外衣，他们只在主日穿这件外衣上教堂，回家之后随即把它脱掉放进衣柜里，直到下一个主日再穿上。这是父母的错，因为父母若真正看重信仰的价值，他们必会引导孩子，使孩子的信仰成为日常生活的一部分。

我在第一章中提及和利迪亚结婚之前，利迪亚是八个养女的母亲，她独自抚养这些孩子。这一家人手头拮据，常常不知道隔天是否还有食物可吃。利迪亚所做的一件事，就是让孩子们与她一起祷告。她会说：「孩子们，没有早餐吃了。我们还是要祷告！」她们就一起祷告，然后食物就出现了。孩子们看见神回应他们的祷告，因此学到信心的功课，这远胜于让他们上十几堂的主日学！

总要让孩子参与你的信仰生活，不要把他们排除在外。如果你们想出去度假，和孩子一同祷告要往哪里去、做些什么事。如果孩子在学校遇到麻烦，不要单单只给他们一个答案，而要说：「让我们一起来祷告看看。」

我从经验中可以判断，一旦孩子学会了祷告，他们的信心就会逐渐成长。我的孩子们也曾经遇过试探，他们各人都必须独自面对试炼和困难，但都能将神在生命中响应他们祷告的事铭记在心。

当我和利迪亚在肯尼亚从事教育宣教的事工时，有一次我们带着当时年仅十八岁的女儿伊莉萨白，一起参加在慕巴沙（Mombasa）所举办的基督徒大会。伊莉萨白的近视很重，度数一直在增加，我们每年都要为她配副新的眼镜。因此，我们对在慕巴沙的传道人说：「请你为伊莉萨白的视力祷告，好吗？」

他祷告之后，伊莉萨白取下了眼镜，我们并没有叫她这样做！

几天之后，我们想知道伊莉萨白感觉如何，于是问道：「你的视力如何？」她说：「哦，他不是祷告过了吗？」

后来，伊莉萨白的视力恢复了正常，她从护校毕业时已经完全不用戴眼镜了。

我们的女儿伊莉萨白所经历的考验，和其他基督徒并没有两样。但她从不怀疑一件事：「神是真实的！」她的视力就是她的证据。

当人面临被这世界的巨浪卷走的危险时，蒙应允的祷告就是一个锚。因此，当你和孩子一同祷告的时候，要让他们相信神正在动工并成就某些事情。

我的一位牧师好友有四个女儿。她们正如腓利的女儿，在还是孩子的时候，各人都有先知预言上的事奉（参考使徒行传廿一章 8～9 节），也能为特别的事项来祷告。其中一个负责为家中的经济祷告，另一个则为病得医治祷告，第三个是为学校里出现的问题祷告，第四个则为其他的需要祷告。由于这些孩子分担了家中部分的属灵责任，她们的信仰就扎根在基督里；他们的家庭关系一直都很紧密，即使女儿们出嫁之后依然如此。

父母把责任从孩子身上拿走，并不能让子女得到祝福。相反地，父母愈是赋予孩子责任，孩子就愈发成长茁壮，但要注意循序渐进、有智慧地去做。

三、双轨沟通

父亲为了要教导家人属神的事，应当让沟通的管道保持畅通。有许多书籍或讲员教导人们应当如何沟通，但我想在这里提出我的一点观察心得。

第一、父亲与孩子之间最有效的沟通，经常是发生在轻松、非正式的场合。如果父亲的指教使孩子觉得过分教条、僵化、严肃，孩子很容易排拒这个信仰，也厌烦父亲的教训。

父亲与孩子沟通的另一项基本原则是，他不要只是说话给孩子听，也要听他们说话。许多曾辅导问题儿童或青少年罪犯的人都会发现，这些孩子普遍都有一个共同的抱怨：「我们的父母从来不愿听我们说话。」父亲要鼓励孩子们表达自己的难处，切莫使气氛太流于宗教形式，也不要因他们告诉你一些事而面露惊色！

最后，父亲应当以轻松、自然的方式对儿女说出肺腑之言。教导的场合也许是在整理花园、除草、钓鱼、清理车库、修理车子的时候，父亲因此可以向儿女传递神话语中最深刻的原则。空有一个「家庭祭坛」的形式，而无法使它传达出实质的意义是无用的；「家庭祭坛」的功效，取决于全家人在生活中相处的质量。父亲可以借由生活中所发生的事件，来与家人进行良好的交流。

四、在末后的日子拯救你的亲人

我以前经常针对圣经里某一节经文来教导人：「挪亚的日子怎样，人子的日子也要怎样。」（路加福音十七章 26 节）我总是指出挪亚那个世代的邪恶，今日已经不断重现在我们眼前。有一天，我从挪亚的故事中看到一个积极的信息：「挪亚因着信，既蒙神指示他未见的事，动了敬畏的心，预备了一只方舟，使他全家得救。」（希伯来书十一章 7 节）挪亚这位义人从神那里听见即将来临的灾难，他就先作准备以拯救家人。

现今我们生活的世代，与挪亚的世代愈发相像了。挪亚时代的一个特色是「地上满了强暴」（创世记六章 13 节）。今日我们所生存的地上也是如此，暴力罪行日渐加增！我小时候是在英国长大的，那时正值两次世界大战期间；我记得窃贼打破车窗偷一个妇人的手提包的消息，甚至能成为头条新闻。但今日的社会中，时常都会出现比上述事件更为重大的暴力罪行，它们常被人们视为稀松平常、不值得报导。有人也许还记得，以前上飞机前不需要安全检查，但在今日却是行不通的！

我简短地分享两个故事，都是有关父亲以机智拯救家人幸免于难的事件。

我的一个孙子带着妻子和三个小孩驾休旅车外出。他的妻子通常会坐在前排的座位上，但这次不知怎地，他让妻子与三个小孩坐在后座。

当车子驶过一座天桥时，有人扔下一块巨大的水泥石块，前排驾驶座前的挡风玻璃被砸碎，车中每个人都遭到碎玻璃屑的波及，但家中并无一人受到丝毫损伤。那时，这对父母才恍然大悟，这次的座位安排有其理由。如果驾驶座位旁的空位有人坐，结果可就完全不一样了。

第二个事件是我的一个朋友，我们且称他为马肯。他在某天夜里突然有个不祥的预感，他感觉到家庭中某位成员可能会发生意外事故。

第二天一早，当他的女儿准备照常开母亲的车去上班时，马肯告诉她：「今天早上我觉得你最好开我的车，不要开你母亲的车。」

当他的女儿开父亲的车去上班时，她经过一条路面被车油泼洒的路，车子突然失控打滑而翻车了，但那辆车子的安全气囊配备发挥作用，他的女儿因此没有大碍。她如果在那天照例开母亲的车（那车并没有安全气囊的配备），这样的事故可能会使她丧命。

今天我们所生活的世代，也需要像挪亚那样的父亲；他拥有先知的灵，能够对家人即将面临的安危、威胁有警觉，并且为他们采取保护的措施。

10. 父亲作为君王的职分

让我们来回顾父亲的三大职分。当父亲扮演祭司的角色时，他代表家人向神交账。当父亲扮演先知的角色时，他代表神向家人传递神的旨意。最后，当父亲扮演君王的角色时，他则是代表神治理他的家。

一个父亲究竟该如何扮演君王的角色？

保罗在提摩太前书三章 4 ～ 5 节中，提到男人若想在教会里担任领袖必须具备的条件。保罗首先强调的资格，是这个男人在家中的表现必须是：「好好管理自己的家，使儿女凡事端庄顺服。」（提摩太前书三章 4 节）他应当使用权柄，使儿女尊敬他、顺服他、接受他的治理。

「管理」这个词在希腊原文的字义，就是「站在前线」或是「居于首位」，与之相关的意义包括「统管」、「保护」、「控制」。总之，「治理」的基本意义就是父亲居于家中的首位。他愿意委身于他的家庭，承担各种生活上的重担和风险；他也走在家人前面，为家人树立敬虔的生活榜样。

保罗接着说，能够照顾家庭的男人，就能够在教会服事中获致成功。保罗质疑：「人若不知道管理自己的家，焉能照管神的教会呢？」（提摩太前书三章 5 节）换句话说，如果一个男人无法治理他的家，又如何能在神的教会中担任领袖？

我有幸结识瑞典的勒威・培图斯（Lewi Pethrus）牧师，他在二次大战期间牧养欧洲最大的五旬节派教会。他很认真地看待圣经对牧者的要求。

有一天他来到会众前，告诉他们他要辞职，不再作他们的牧师了。

他解释：「圣经中说，我必须使儿女顺服，但我的儿子们没能与主同行，因此我必须辞职。」

会众的回应却是：「不要这么做！我们会为你的儿子们祷告，使他们能得救。」

牧师便和会众一同祷告，这几个儿子后来都得救了，培图斯牧师并没有辞职。

不幸的是，今日许多男人在事奉神的时候，并没有如此认真看待圣经的要求。

有一个合理的原因可以解释，为何担任牧师的男人，必须先在家中成功地扮演父职的角色。家庭其实是教会的雏形。在新约中，教会主要是由三个群体所组成：

一、牧师或牧者（通常是复数形式，也称作「长老」）。

二、执事或帮手。

三、会众或群羊。

这也与家庭中的人口结构相仿：

一、父亲，他有牧者的责任。

二、妻子，她受造是为了帮助他的丈夫，正如执事帮助牧师。

三、儿女，他们是会众或群羊。

因此，神设立家庭，使它成为新约教会的基本元素。神对每一个家庭的父亲如此期待：「请委善照顾这个教会的雏型，也就是我所托付给你的家庭；然后，你才有资格在属神的教会中被提升。」

按亚伯拉罕的脚踪行

我们现在来看亚伯拉罕为父的例子。他承担起治理家庭的责任，并且达成任务。

你有没有想过，为什么神在千万人中拣选亚伯拉罕呢？为什么这个为全人类带来救恩的民族，他们的远古祖先会是亚伯拉罕？

首先，我们来看亚伯拉罕这个名字的涵义。亚伯拉罕是从亚伯兰这个名字而来，亚伯兰的意思是「受高举的父」。后来，当神第二次与-亚伯兰这个男人立永约时，神把他的名字改成亚伯拉罕，意思是「众人之父」。你可以从前后两个名字看出第一个事实就是：他是一个父亲。这是非常重要的关键，神拣选的是亚伯拉罕这个父亲。

接着，让我们来看神如何评论亚伯拉罕这个人：

「耶和华说：『我所要做的事，岂可瞒着亚伯拉罕呢？亚伯拉罕必要成为强大的国；地上的万国都必因他得福。我眷顾他，为要叫他吩咐他的众子和他的眷属遵守我的道，秉公行义，使我所应许亚伯拉罕的话都成就了。』」

（创世记十八章 17 ～ 19 节）

圣经新译本的翻译是：「我拣选了他，是要他吩咐子孙，和他的家属……。」（第 19 节）这段经文中用了一个希伯来文的常用语「吩咐」，这个词在摩西律法中反复出现。此外，每一种圣经译本都显示出一项事实，那就是亚伯拉罕的个人条件符合神拣选的标准：神信赖亚伯拉罕，知道他会吩咐他的众子和眷属。

「吩咐」是个语气强烈的字眼，它几乎等同于军事用语。有些妻子或母亲可能会说：「你是在鼓吹男人当独裁者吗？」不是。但在某些情况下，男人为了要负起责任必须要说：「我们在家中的行事为人，也要讨神喜悦、蒙神祝福。因此，我们会这么做，但不会那样做。」

我相信父亲有权柄决定家规，譬如全家人一起用餐的时间、门禁的时间、子女应该从事何种休闲娱乐活动，看电视的时段等等。这不单是父亲的特权，也是他的职责。

当然，父亲在作这类的决定时，应当事先征求妻子的意见。然而，治理家庭的责任，主要还是落在父亲身上。他要为家人向神交账。

罗马书四章 11 ～ 12 节的经文中告诉我们，亚伯拉罕是按他脚踪去行之人的父。一个父亲只说：「我重生了，因此亚伯拉罕便是我的父」，这是不够的；他还必须按着亚伯拉罕的脚踪去行，这一点在家庭中比任何事都重要。

天上家庭的次序

我们理当向天上神的家看齐，在那里有家中施行权柄的理想模式。在父神和圣子的关系中，应当如何行使权柄？

耶稣描述祂与父神之间的关系，挑战了当代一些养儿育女的理论。

「我父爱我，因我将命舍去，好再取回来。没有人夺我的命去，是我自己舍的。我有权柄舍了，也有权柄取回来。这是我从我父所受的命令。」

（约翰福音十章 17 ～ 18 节）

这显然是父神先发命令，再由圣子耶稣贯彻执行。

再看约翰福音十二章 49 ～ 50 节，耶稣说：

「因为我没有凭着自己讲。惟有差我来的父已经给我命令，叫我说什么，讲什么。我也知道祂的命令就是永生。故此，我所讲的话，正是照着父对我所说的。」

因此，耶稣所有的教训，都是为了要遵行从父神而来的吩咐。

此外，在约翰福音十四章 31 节中，当耶稣准备离开逾越节的筵席、面临将要到来的审判和刑罚时，祂对门徒说：

「但要叫世人知道我爱父，并且父怎样吩咐我，我就怎样行。起来，我们走吧！」

所以，耶稣按着父神的吩咐走向十字架。那是顺服的终极考验！

在希伯来书五章 8 节中，作者以一个简短的句子总结了一切：「祂虽然为儿子，还是因所受的苦难学了顺从。」

三一神里的两个位格——父神与圣子之间的互动模式，由此可以彰显。父神发出命令，圣子因此遵行命令学了顺服。耶稣的顺服使祂付上生命的代价。耶稣与父神之间的关系一点也不马虎或轻率。神是很准确的神，祂明确地告诉我们祂想要我们做的事，也期待我们照着去做。

人类的家庭也应当效法这种模式，在地上的我们，没有权利去改良在天上为我们设定的模式。

家中的管教

我们从希伯来书五章 8 节中看到耶稣也要学习顺服，这就意味着顺服需要被教导，而管教的意义在于教导顺服。如果连耶稣都需要降服在神的管教之下，何况我们和我们所宝贝却不完美的儿女！

父亲如果想要成功地养育子女，就必须加以疼爱和管教；相反地，若要教养出不快乐、灰心的儿女，就去溺爱他们，也就是孩子要什么就给什么，想做什么就任凭他们。在这种环境中长大的孩子一旦到了成年，他们面对生活的态度就会像面对父母时一样。但在成人世界里不能够玩这种予取予求的游戏！生活的本质其实是辛苦的，甚至会愈来愈苦。我观察到那些从小就娇生惯养的人，在成人生活中都经历了相当程度的艰难。

溺爱儿女并非好事。其实，这可能表示父母有怠惰、疏于管教的倾向。纵容儿女总是比管教他们轻松。

最不快乐的儿女，往往是由于生命中缺乏管教。他们也是最没安全感的人。因为，唯有界线能提供孩子所需要的安全感。

我记得我们非裔的女儿洁丝卡在十六岁时，遇到青少年普遍都会经历到的困扰。尽管她是一个虔诚的基督徒，还是会想去做某些愚昧错误的行为。

她问道:「我可以去做吗? 你会答应我吗?」

我说:「不,我不答应,因为这对你不好。」

我想洁丝卡可能会难过,但她反而因着我为她设定界线而松了一口气。她没有能力为自己设定界线,但她很感激我这么做。

父母对孩子采取放任的态度,对孩子来说并不公平,尤其是在今日失序混乱、没有界线的社会里。父母应当为孩子设定简单、可行的界线,在一般情况下,他们也该解释给孩子听:

「我们为什么不看某某电视节目?」

「因为它会使你学坏,鼓励你去做对你有害的事。」

但也有些规定是不需要向孩子解释太多的,父母在回答孩子的疑问时只要说:「因为爸爸、妈妈这样说过」就可以,毕竟孩子还无法理解太复杂的原则。我们的天父所设定的某些法则,有时也会让人无法理解。例如,大多数的以色列人可能无法理解,神为何在利末记第十一章设下这么多的饮食规条。但神仍期待他们去遵守!

在我们子女的成长过程中,我和利迪亚会要求她们背诵撒母耳记上十五章 22 节:「听命胜于献祭;顺从胜于公羊的脂油。」多年之后,我发现她们其中也有人用相同的经文教导自己的子女,这真是有趣。

我们在下一章中要以创世记里两个父亲的经历作为对比,继续探讨为人父的职分。

11. 两个父亲的画像

在亚伯拉罕的生命中有一个关键人物，就是他的侄子罗得。这两个人一同经历了许多大事。无疑地，罗得观察到神与亚伯拉罕的关系，因此他自己也与主有了个人的关系。然而，时候到了，这两个人不得不分开，「那地容不下他们；因为他们的财物甚多，使他们不能同居。」（创世记十三章 6 节）

亚伯拉罕让罗得挑选他想去的地方。两人分开的行动表明了他们不同的决定，也就是不同的异象。

亚伯拉罕的异象超越了时空，跨入永恒的未来：

「因为他等候那座有根基的城，就是神所经营所建造的。」

（希伯来书十一章 10 节）

亚伯拉罕将其眼目定睛在永恒的归属上，并且依此做出人生的抉择。

但罗得的眼光并没有超越他当时的环境：

「罗得举目看见约旦河的全平原，直到琐珥，都是滋润的，那地在耶和华未灭所多玛、蛾摩拉以先如同耶和华的园子，也像埃及地。于是罗得选择约旦河的全平原，往东迁移；他们就彼此分离了。埃布尔兰住在迦南地，罗得住在平原的城邑，渐渐挪移帐棚，直到所多玛。」

（创世记十三章 10～12 节）

圣经接着在下一节，附带加上一句话作为补充：

「所多玛人在耶和华面前罪大恶极。」

（创世记十三章 13 节）

罗得的看见决定他的道路。他无法抗拒所多玛的富裕生活和肥沃地土，并对所多玛人的罪恶和败坏视而不见。

几年后，神差遣两位天使去到所多玛，宣告神即将对那个城市施行审判。那时候的罗得不再只是从远处观望所多玛而已，他已经住进了那城，而且是「坐在所多玛城门口」（创世记十九章1节）。这意味着罗得在所多玛的居民中拥有一定程度的权柄。尽管他并没有随从所多玛人的恶行，但他确实已经生活在所多玛人中间。

天使警告罗得，要快快把家人聚在一处，「无论是女婿是儿女，和这城中一切属你的人」（创世记十九章12节），并要罗得在该城被毁灭之前带着他们一同离开。

「罗得就出去，告诉娶了他女儿的女婿们说：『你们起来离开这地方，因为耶和华要毁灭这城。』他女婿们却以为他说的是戏言。」（第14节）

由于罗得的女婿们认为神的审判这个说法听起来荒唐，罗得最后只好劝服他的妻子和两个未婚的女儿与他同行。即使是出到城外，罗得的妻子仍然不舍地回头看她所留下的一切，于是她当场变成一根盐柱。

后来，我想象罗得从逃难的山上往下观望已成废墟的所多玛，以及那根妻子所变成的盐柱时，他也许会说：「我带了全家人去到所多玛，但随我出来的仅剩我这两个女儿。」（我们可能也注意到，她们后来做了与父亲乱伦的恶事。）

当罗得意识到他有失父职的时候，他被沉重的罪疚感压得喘不过气来吗？圣经中并没有给我们答案。如果你是父亲，我建议你花一两分钟想象自己就是罗得。你也许会懊悔地说：「倘若我能作出不同的选择，该有多好！倘若我与亚伯拉罕住得靠近一点，该有多好！」

现在，你可以问自己几个重要的问题：

我为自己家人立下了什么样的榜样呢？我有没有让他们按永恒的目的和永恒的标准去生活呢？还是，我会为了物质的生活和世俗的成功而妥协？

亚伯拉罕和罗得这两个男人各自有一个看见。亚伯拉罕的异象是专注在一座荣耀永恒的城，是神为全心跟随祂的仆人所预备的；罗得的异象只是看重物质的财富和属地城市的繁荣，这使得他不能看到所多玛的罪恶。每个男人的异象不但决定了他自己人生的道路，也决定了他全家人的命运。

过了许多世纪之后的今天，这个原则依然真实：「父亲会将一生的异象传递给他的全家。」因此，每个父亲都应当问自己以下这些问题：

「我传递给全家人的异象是什么？我是否与我的家人分享永恒的价值观，这些价值观是否会引导他们一生事奉耶稣基督？或者，我只是关注属世的成就、事业、物质享受、经济宽裕、社会地位？」

我曾经听过一位著名的宣教学院院长的演讲，会将子女送进那所学院的父母都是基督徒，但那位院长说：

「我总会在学生入学注册时个别地问他们：『当你的父母把你送进这间学院时，他们是否与你谈过未来的人生方向？他们是不是希望你成为耶稣基督忠心的仆人？』」

那位院长接着说：「到目前为止，我的学生中还没有一个回答说：『是的。』」

如果你的儿女在那间学院入学注册，你想他们又会如何回答？

12. 当父亲失职时

我在前几章中，大略地勾勒出神赋予每个父亲应尽的三大家庭责任：作为祭司的角色，他为家人代祷；作为先知的角色，他向家人代表神；作为君王的角色，他按着神公义的标准治理家庭。

我们在上一章看到因着罗得有失父职而为全家招致灾难。相反地，我们看到神拣选亚伯拉罕，祂信任亚伯拉罕能忠心地做一个好父亲；借此，神应许他必成为大国。

这便令人想到：如果一个男人善尽父职而能够孕育出一个蒙福兴盛的大国，那么当父亲在应尽的义务上失职时，从他而出的后裔又会如何？摩西在申命记第廿八章中，提供一个清晰的写照。

申命记第廿八章明显可以看出两个段落。在前十四节经文中，摩西列出了顺服神的子民将会得到的各种福气；在接下来的五十四节经文中，摩西列出了不顺服神时将会遭致的咒诅。

这后半段落的经文描写到，假使这个民族里为父的人都未能向家人尽责的时候，其中一项咒诅将会临到全族：

「你生儿养女，却不算是你的，因为必被掳去。」

（申命记廿八章 41 节）

在希伯来原文的用词中，可以看出摩西是在对男人说话。这里用作「生」、「养」的词，主要是指男性在养育儿女时所扮演的角色，因此这节经文主要是针对父亲而说的（但不完全是单指父亲）。

有一天我惊讶地发现，不能享受自己的儿女是一种咒诅。我开始自问：「今日有多少父母能真正享受自己的儿女呢？」我的结论是：「不多。」原因是什么呢？我相信，是不顺服所带来的咒诅。儿女是神赐给男人女人最大的祝福。父母（特别是父亲）一旦没有走在神的正道上，他们的儿女就不再成为祝福而是咒诅。

经文中说：「你生儿养女，却不算是你的」，我们也在今日看见

这段话应验了。在无数的破碎家庭中，儿女不再属于他们的父母；父母与子女间是疏远的，这也是咒诅所导致的结果。

摩西警告他们说，儿女会被掳去（第 41 节）。西方世界自六〇年代起，有成千上万的青少年被撒但掳去——他们吸毒、从事不正当的性行为、行各种巫术和邪术。那些被这些事情奴役的人是被掳去的，好像一国的军队进攻另一国，把其中的百姓掳去下监一样。

为什么成千上万的青少年被掳去了呢？我们看到申命记第廿八章中的答案：人们持续拒绝神公义的要求，特别是在家里以及在家庭的关系中。

我曾在本书第九章指出，希伯来文中动词和人称代名词的词性有阴阳之别，在申命记第廿八章中，所有的动词都是阳性的。换句话说，神把主要的责任放在男人身上，但并不意味着女人不需承担她们那部分的责任；女人也必须负起责任。然而，是男人在领导上的疏失，为各种的邪恶敞开了门户。

伊甸园中的罪恶模式在人类历史上反复循环，原因正是在此。亚当未能尽职守住伊甸园，因此让撒但有可趁之机引诱夏娃。这股由男人失职所引发的邪恶洪流，甚至袭卷了随之而来的西方文明。

先知玛拉基在玛拉基书二章 7 节中，提出父亲作为祭司对家人所肩负的主要责任：

> 「祭司的嘴里当存知识，人也当由他口中寻求律法，因为他是万军之耶和华的使者。」

祭司必须通晓神的律法，并负责教导神的子民。这项原则也适用于作为祭司的父亲身上。他的子女和家人，应当从他口中寻求神的话语。

如果祭司未能尽职，情况又是如何呢？神宣告说：

「我的民因无知识而灭亡。你弃掉知识，我也必弃掉你，使你不再给我作祭司。你既忘了你神的律法，我也必忘记你的儿女。」

（何西阿书四章 6 节）

这是何等有力的话语啊！神告诉以色列人：「我期待你作祭司，但你却弃绝你所需要明白的知识。」他们弃绝的不是一般世俗的知识，而是神的道、神的话语，因此神不再接纳他们作祭司，并且发誓要忘记他们的儿女。

每个作为家庭祭司的父亲，都有特权效法约伯的行为——他在神面前不断地以祷告支持子女，这便使他们持续地在全能神的看管和保护之下。但当父亲未能善尽祭司的代祷职责时,神说:「我要忘记你的儿女」，意思就是:「你的儿女不在我特别的看管保护之下了。」

这些年来，我愈发感受到神警告中的严肃性。有时候，目睹众多的年轻人群聚集在城市街头，我不禁自问:「这些孩子中，有多少人已经被神遗忘、被神忽视，只因没有父亲为他们代祷？」

这些孩子的家庭，需要一批委身的代祷大军站在破口上为他们祷告。但是，从父亲而来的代祷却是无法取代的；父亲对他的家人身负特殊的重任，以致他被赋予特殊的权柄。

玛拉基的诊断

玛拉基书是旧约时代的最后一本书。此外，这本书末了的结尾是「咒诅遍地」。神在旧约之后对人类已经无话可说，祂所说的最后一句话，就是咒诅遍地。感谢神，祂赐给我们新约，为我们指出一条脱离这个咒诅的道路！

这是神在旧约最后两节经文中所说的话:「看哪，耶和华大而可畏之日未到以前，我必差遣先以利亚到你们那里去。他必使父亲的心转向儿女，儿女的心转向父亲，免得我来咒诅遍地。」（玛拉基书四章 5～6 节）

两千多年前，神藉玛拉基的预言启示了今日社会最严重、最迫切的问题，就是怠职的父亲和没有父母管教的子女。

经济学家和社会中的立法人员，为我们提供了各种诊断和解决的方案。然而，真正的问题根源是在家中。父母丢弃了他们对子女的责任，父母双方通常都有错，但主要的责任是在父亲身上。

我们必须承认，妇女解放运动除了在要求同工同酬上有所进展之外，它在某种程度上引发了反作用。妇女从尊敬、顺服丈夫的委身认定中解放出来，丈夫也从只对一个妇人忠心的责任中解放出来。男人因此厌倦了他的妻子而走出家庭，不再尽其义务，只留下女人靠自己去辛苦养活一个或更多的孩子。大部分的例子中，女人的景况比过去更糟。

我心中对单亲妈妈有着极深的关注。在许多情况下，我认为今日的教会并没有尽力去帮助这些单亲妈妈和她们的孩子。

神在雅各书一章 27 节中，对真正的信仰赋予一个定义：

「在神我们的父面前，那清洁没有玷污的虔诚，就是看顾在患难中的孤儿寡妇，并且保守自己不沾染世俗。」

有时候我自问，如果每个认真看待圣经的基督徒家庭，都接受照管一个名义上不是、但实质上已是孤儿的孩子，情况将会如何？那些孩子应当包括没有受到父母妥善照顾、生活有困难的孩子。当然，你必须牺牲一定程度的舒适感和便利性，甚至金钱。但是，如果这样的行为是出自基督徒的爱心，它将会化解多数人皆不敢想象的苦难。

然而，我们不愿想象的态度无法淡化这个事实以及其中的迫切性。耶稣在马太福音第廿五章中提到「公羊」国时，祂说：「这些事你既不做……」（第 45 节），这句话经常提醒我，生活在富裕社会中的基督徒，除了在做错的事情上接受审判之外，也要在当行而不去行的事情上接受审判。

玛拉基书的信息，是针对那些在宗教事务上极其热心的人而发的，这些人抱怨神没有按他们的心意应允祷告。神则透过先知的信息指出原因，就是他们在作丈夫和作父亲的职分上失职了：

> 「你们又行了一件这样的事，使前妻叹息哭泣的眼泪遮盖耶和华的坛，以致耶和华不再看顾那供物，也不乐意从你们手中收纳。你们还说：『这是为什么呢？』因耶和华在你和你幼年所娶的妻中间作见证。她虽是你的配偶，又是你盟约的妻，你却以诡诈待她。」
>
> （玛拉基书二章 13 ～ 14 节）

神看出这群人在敬虔的外貌之下，竟是破坏婚约和恶待妻子的丈夫。换句话说，玛拉基的信息是在表达：「你在教会中所做的事，没有一样可以弥补你在家中没有尽到的职责。」

神接着解释了祂制定一夫一妻制的主要目的：「祂不是单造一人吗？为何只造一人呢？乃是祂愿人得虔诚的后裔。」（玛拉基书二章 15 节）

当夫妻按照圣经的原则和睦同住时，他们就有条件去抚养公义、敬虔的子女。一旦婚姻破裂，受苦最多的则是子女。

神接着对所有的丈夫发出警告：「所以当谨守你们的心，谁也不可以诡诈待幼年所娶的妻。」（玛拉基书二章 15 节）然后，神对离婚的人说出一句毫不客气的话：「休妻的事和以强暴待妻的人都是我所恨恶的！」（第 16 节）

你当如何回应？

在英国，每个地方政府的婚姻登记处都设有一个牌子，牌子上清楚写着：「根据这个国家的法律，婚姻乃是一个丈夫和一个妻子终生的结合，在此之外别无他人。」多年以来，英国人已渐渐偏离这个标准，而英国的国力也在各方面都历经了大幅的衰退。今天，很少人会特地称呼这个国家为「大英帝国」，大多数人都只称它为「英国」！

神的话语不仅挑战英国，也挑战整个现代文明世界；祂只给我们两种选择：我们必须恢复家庭关系才能存活下去，否则就得容让家庭关系不断地恶化，重蹈过去几十年来所走的路。如果继续这样下去，我们将会在神的咒诅下灭亡了。

父亲的回应，将会决定这个危机的最终结果。他们是神追究主要责任的人。神在借玛拉基所传达的信息中，要求父亲的心回转归向儿女，惟有如此，儿女的心才会回转归向父亲。

身为长辈的人可能会抱怨晚辈，指责他们的过犯与堕落。但危机并非因他们而起，而是出于老一辈的人。由于长辈未能把真理体现出来，也没有人教导纯正的道理，以致年轻的世代离经叛道。现在，神正藉由我们的子女审判我们。

人们已经发出呼声，今日的教会需要与社会连结，而最好的管道就是透过家庭。唯有透过家庭，教会才有办法响应这个时代最迫切的危机。

今日的教会应当传递清楚的信息，来界定丈夫、妻子和儿女的角色，藉此反映神所定意之基督化家庭的样式。这个信息必须忠于圣经中，从创世记以来即已确立的不变原则，不可向渗透教会达三、四代的人文主义势力妥协。

耶稣在登山宝训中警告跟随祂的门徒，他们的委身会使人们的注意力转向他们：

「你们是世上的光。城造在山上是不能隐藏的。」(马太福音五章14节) 然后，祂又接着说：「你们的光也当这样照在人前，叫他们看见你们的好行为，便将荣耀归给你们在天上的父。」(第16节)

耶稣告诉祂的门徒，祂不仅期待他们成为这黑暗世代的光，祂也吩咐他们这光应当怎样照耀：借由他们的好行为，使众人都看见这光。

我们在前几章中，看到神对基督徒的家庭有两种期许，好使它们成为世界的光。第一、祂期许夫妻关系能够预表基督与教会。

第二、祂期许父亲照顾自己的家庭，就好像神爱祂的子民一般。圣经也指出，神希望祂的子民显出「关心孤儿寡妇」的善行。神在旧约多处经文中重复表明这项要求，如今又在上述的新约经文中再次强调。

爱是总结

神的要求，可以用「爱」这个涵意极其丰富的字眼作为总结。爱可以在三大方面彰显出来：

一、丈夫与妻子之间亲密的爱。

二、父母对儿女保护的爱。

三、对他人延伸的爱，如孤儿、寡妇。

如果现代教会是山上一座不能隐藏的城，我们应当问：「教会在不信神的世人眼中，看来是什么样子呢？透过教会，世人是否可以看出基督爱教会、为教会舍命的爱？世人是否可以看出神在祂家中那为父的心肠？」我们也当自问：「教会是否关心孤儿寡妇，以致让世人看出好的榜样？」

这些问题都需要答案。基督徒无法置身事外，也许我们每个人都要给出答案。

我个人认为，答案在于现代教会的失职；这个大胆的结论，是根据我多年来在各个国家中的阅历。我持有英美两国的国籍，也曾到过五十多个国家作教导，其中包括欧洲所有的英语系国家（芬兰和保加利亚除外）。感谢神，这其中也有一些美好的例外，但普遍来说，教会的家中在这些基本关系上并没有彰显神的爱，而在照顾孤儿寡妇的事上也同样失职。

近年来基督徒在教会外兴起了许多事工来补救男人领导的失败，及其所引发的家庭破裂，例如是詹姆士·道布森博士（Dr. James Dobson）所创办的「爱家协会」（Focus on the Family），以及新兴的「守约者」（Promise Keeper）事工。我

们必须自问：为什么教会以外的服事机构，会在二十世纪末如此兴盛？我认为，主要原因在于基督徒渴望实践耶稣起初所托付给教会的使命。

我们仍要对这些教会以外的机构表达感激与支持，但我相信这种责任归属的转移，最终必定不被耶稣——教会的头所接受；主仍然要求教会负起责任，祂等待教会去完成祂所赋予的使命。普世教会若继续维持现状，她显然必将经历一场大变革。教会若是未能做到，我相信耶稣会撇弃今日的教会，另外兴起一个名符其实、配称为祂新妇的教会。

今日人们大谈复兴的主题，也有许多人为复兴祷告。当教会全体都愿意担负起原已丢给教外机构去处理的责任时，那便象征着复兴真的来临了。

有一件事是肯定的：耶稣再来时，祂要接的不是教会外的服事机构，而是一个「已经预备好了」的新妇；她要穿上「光明洁白的细麻衣（这细麻衣就是圣徒所行的义）」（启示录十九章 8 节）。那些口里宣称他是基督徒的人，如果不去实践这项交托给他们的义行，就会欠缺布料做新娘礼服，结果便是不能参加婚礼。

当我观察现代西方世界的教会时，我一直想到耶稣谈论到「公羊」国进入永刑时所说的话：「这些事你们既不做……」。我们应当记住，山羊国受咒诅，不是因着他们所做的事，而是因着他们没有去做的事。

13. 或许你有所失职

读到这里，该是你停下来思考的时候了。或许你是第一次从圣经中明白合神心意的父亲应该为何，以及他应该做什么——你可能吓了一跳！

先不要太快反应，花时间思考一下，并为这件事祷告。求神使你有更清楚的了解。或许重读一遍本书前五章的内容，会对你有帮助。

记住，保罗在罗马书三章 23 节中对罪的定义是：「因为世人都犯了罪，亏缺了神的荣耀。」罪不一定是指做了什么恶事，简单来说，罪是指你的行为和生活方式使神不能得到祂当得的荣耀。请记住，男人经常犯下「疏忽」的罪，即是他在该行却不去行的事上犯了罪。

我们在生活中某些时候应当自我省察。如果我们这么做了，就可以支取神在哥林多前书十一章 31 节中所应许的怜悯：「我们若是先分辨自己，就不至于受审。」

一个父亲在家中必须身兼三职：祭司、先知和君王。察验一下你在这三个领域的表现，并且问问自己下面这些相关的问题：

一、作为家中的祭司，我是否忠实、规律地每日为家人献上代祷？我是否时常为他们感谢神？

二、作为家中的先知，我是否能代表神向家人传递神的旨意？我的生命是否反映天父慈爱的形像？还是我必须承认，我在家人心目中的父亲形像，不啻是在讽刺父神不具吸引力？

三、作为家中的君王，我是否对子女施与富爱心的严格管教，为要预备他们成为有责任感的社会公民？我是否为他们设界线，保护他们免受现今世界邪恶势力的侵害？

你对这些问题的回答是什么？你能否承认你的确「犯了罪，亏缺了神的荣耀」？不过，不必气馁，也不要就此一蹶不振。神使

我们认识到自己的罪，不是为了责备我们，而是要透过耶稣基督在十字架上的牺牲，引导我们接受祂所预备的救恩。

简单的两个步骤

神对我们的要求很简单，它记在约翰一书一章 9 节：「我们若认自己的罪，神是信实的，是公义的，必要赦免我们的罪，洗净我们一切的不义。」当我们真心地向神认罪并且悔改，祂不单要赦免我们，也会洁净我们一切的罪疚感、失败感，并且恢复我们清洁的良心。

我们要得到痊愈，还需要有进一步的行动，我们个人的关系好比十字架的两根木头：一根是纵向的，一根是横向的。纵向的木头反映我们与神的关系，横向的木头则反映我们与人之间的关系。第一步，首先要重视我们与神的关系，这是借着向祂承认自己的罪，并领受从祂而来的赦免。第二步，则要藉由彼此的认罪，来恢复人与人之间的关系。

雅各书五章 16 节如此说：「所以你们要彼此认罪，互相代求，使你们可以得医治。义人祈祷所发的力量是大有功效的。」现今教会很少谈到彼此认罪的必要性。许多基督徒的群体由于彼此欠缺认罪，怨恨苦毒仍在，因而被罪所污染，这便阻挠了圣灵的工作。

约翰·卫斯理（John Wesley）在他的记事本中记下了一件事，说到早期卫斯理公会的成功是出自一个十人小组，这十个人同意每周相聚并且彼此认罪。

使徒在约翰一书一章 7 节中，提到持守灵里清洁的主要条件：「我们若在光明中行，如同神在光明中，就彼此相交，祂儿子耶稣的血也洗净我们一切的罪。」

「在光明中行」即要求彼此诚实、公开。这节经文中的动词时态皆用进行式，亦即：「如果我们不断地行在光明中，持续地彼此相交，宝血会不断地洁净我们」。换句话说，约翰所描写的是一种不断进行的生活方式。

约翰一书中的这节经文，适用于拥有团契生活的基督徒，特别是在基督徒的家庭里，每个家庭中的父亲因此被赋予了一项特别责任。

一个认罪的父亲

假设你已经跨出向神认罪的第一步。现在，你还需要跨出第二步，也就是向你的家人认罪；首先是对你的妻子，然后是对你的子女。

或许你已知道该认哪些罪，在此之前，你总是不敢让人知道。让我坦白告诉你，没有什么可以遮掩那些罪的！

我在撰写本章的初稿时，意外地收到一封来信，来信者是我认识多年的一对基督徒夫妇。我们且称他们为戴维和路丝玛丽。

早几个月戴维决定进行一种特别的禁食，禁食的内容不只是不吃食物，也禁绝一切充斥在生活中的干扰，这些干扰使我们对圣灵的声音不敏感。他举出的例子包括：电视、电影和各类音乐。

路丝玛丽在信中，分享了这样的禁食为他们的生命带来了一些变化。我在下文摘录其中的片断，她说：

「神早就开始，并且现今仍继续做的事，是向我们显明我们心中有多少肮脏和污秽的东西。我坚信，如果祂选择一次就立刻显明我所有的罪，我是会当场死亡的。但祂以温柔、怜悯的方式，一点一滴地向我们显明哪些是祂不喜悦的事，哦！可真多啊！我感觉到接连好几个月似乎都在认罪……戴维也是一样。

在刚开始禁食时，主很清楚地向戴维显明，如果他的生命在禁食中还有尚未承认的罪，整个禁食就没有用。于是，他向主完全坦白并且悔改。然后主说：「现在去告诉你的妻子！」戴维便带着许多痛苦、羞辱和悲伤，向我透露出一些我从来不知道也不怀疑的隐蔽之罪。神明显地把我们带领到这地步，并以圣经和印证巧妙地坚固我们。

我们夫妇后来向一些亲近的朋友分享戴维认罪的经历，对大家来说，这无疑是一记警钟。神透过这件事在告诉我们，我们的意念是多么容易被属世的观点所影响，罪又是多么容易就会潜入而占领我们的心思。我们总是太常倚靠自己而不倚靠神；神不断地向我们显明，我们没能保守自己的心。神向我们两人显明，一些事情已经变成我们的偶像。戴维几乎丢弃了他所有珍贵的音乐收藏，单凭我一人的劝告绝不可能让他做这事，因此我知道这是出于神。

我可以用三个词，来描写发生在我们身上的事：痛苦、洁净、复兴。我现在才认识到什么是复兴。它不是指发生在某个广场或一大群人身上的事件；复兴是指：一颗心单单降服在神荣耀的爱中，并且响应祂的邀请与纠正。温柔的神对待我的方式，实在令我既惊讶又感激。从祂而来的纠正，总是满有怜悯又使人重新得力。

自从这事开始后，就有一些美好的事临到。几个月之前，戴维邀请一些弟兄隔周一来家里共进早餐。他们的目的是彼此祷告，以及分享各自的生命。自从戴维告诉他们发生在我们身上的事之后，这个小组里的每个弟兄几乎都回到家中向他们的妻子承认一些隐密的罪。神在他们每个人的身上，都做了洁净的工作！

现在，这个小组的妻子们也开始聚集为丈夫祷告。这是我所经历最美妙、最自然的圣灵大浇灌。我指的自然是：我们并非去同一间教会，但这样的浇灌并非只发生在同一所建筑物里，而单纯是基督的身体彼此事奉。这太奇妙了！正因为我们都在不同的教会，所以我们开始向自己教会的成员分享所发生的事，这事好像已经传开来了！」

还有成千上万的父亲尚未承认他们生命中的罪，他们的家庭中需要经历改变，就像上述这个家庭一样。当基督徒发现他们有些罪从来没有承认的时候，会产生一种态度：「只要我不理会这事一段时间，到了时候它会自动消失的。」那是一种欺骗！对付罪只有一个有效方式——真心悔改，并且认罪，诚如：「遮掩自己罪过的，必不亨通；承认离弃罪过的，必蒙怜恤。」（箴言廿八章 13 节）

这就带出了对付罪的真正障碍：骄傲。我们会对自己说：「如果我承认这些罪，我会蒙受羞辱的。」不，那又是另一种欺骗！如果你承认自己的罪，你会谦卑下来。如果你拒绝承认它们，最终你才会蒙受羞辱。

神没有办法迫使我们谦卑。祂不变的信息是：「你们要自卑。」（彼得前书五章 6 节）谦卑只有你自己才能办得到，其他人无法使你谦卑，连神都不能！但如果你拒绝谦卑自己，你受羞辱的时间迟早会来到的。

你面临一个选择：谦卑，相信神的怜悯和恩典；或是拒绝谦卑自己，至终你却在逆境中受到羞辱。

向谁认罪

你可能会问：我需要向谁认罪呢？有人说：犯的罪有多大，认罪的范围就有多大。所以，就向所有因你的罪而受伤害的人认罪吧！

所有的罪最先触犯的对象是神。即使大卫王因着他的罪伤害了拔示巴（他引诱她犯奸淫罪）和她的丈夫乌利亚（他筹划了对他的谋杀）。但他却对神说：「我向祢犯罪，惟独得罪了祢；在祢眼前行了这恶，以致祢责备我的时候显为公义，判断我的时候显为清正。」（诗篇五十一篇 4 节）大卫在圣灵探照灯的光照下，意识到他的罪首先是触犯了圣洁可畏的神。

记住，当你向神认罪的时候，并非在告诉祂任何祂不知道的事。认罪的目的不在通知神这件事，而是把罪带到光中而加以对付。神不赦免在暗中的罪，如果我们想得着祂的赦免，就必须把罪敞露在祂可畏的光照之下。

如果你对认罪仍然犹豫不决，让我提醒你一个简单的真理：「我们若认自己的罪，神是信实的，是公义的，必要赦免我们的罪，洗净我们一切的不义。」（约翰一书一章 9 节）这是鼓励也是警告。如果你认了罪，神已经应许要赦免你。但祂从来没有应许要赦免我们不愿承认的罪。

请你也留意，当神赦免时，祂也洗净我们一切与罪相连的不义。如果你已蒙赦免，你会脱离不义；倘若你的心未被洁净，这意味你还未蒙赦免，也许你没有真正悔改。

在大多数情况下，我们的认罪会对其他人带来影响，因此我们应向那些受我们的罪牵连的人尽早认罪。

如果一家之主犯了罪，他的罪在某方面也许会影响他的全家。他需要认罪的第一个对象是他的妻子。如果孩子还太小不懂事，在孩子面前提说自己的罪时要小心，不要伤害到他们幼小的心灵。

父亲在认罪之前，应当切切地求神动工，预备家人的心，也求神引导指示他在最合适的时间点，以合宜的方式向家人认罪。

如果你真诚地向圣灵敞开自己，祂就会个别向你显明你需要承认的罪。父亲通常容易犯的罪是不耐烦、易怒、失控。父亲也和其他男人一样，时常会在实际的行为上或在头脑的想象中，受到性方面不洁的试探；今日奴役众多男性心灵的罪，就是阅读色情刊物。

圣经中从未说过这是一种「小」罪。使徒在约翰一书五章 17 节中，提醒我们「凡不义的事都是罪」。义与罪之间没有模糊地带。凡不义的事都是罪。

反之，圣经的确指出有些罪为「大」罪。比如，约瑟在受到波提乏之妻引诱他犯奸淫的时候，他说：「我怎能作这大恶，得罪神呢？」（创世记卅九章 9 节）正如大卫一样，约瑟意识到他若这么做，首先会得罪的乃是神。

走出模糊地带

今天，大部分的基督徒生活在「属灵的模糊地带」(spiritual twilight zone)。他们既没有行在蒙神喜悦、生命全然顺服的亮光中，也没有活在公开犯罪的黑暗光景中。

但福音没有属灵的中立地带。如果你想要成为神理想中的父亲，就必须乐意向祂敞开自己的全心和全人。你若容让祂揭露你所有的罪，在你身上进行洁净的工作，就得以脱离模糊地带而进入神所喜悦的光明中。你在那里将会开始清楚了解到，作为人父所关系到的一切。

14. 但你可以成功！

你在读了前面几章后，开始检视生命中有失父职之处，并意识到自己还不是神正在寻找的那个父亲，也就是你的家人所迫切需要的那一位。

现在，该是你作决定的时候了；你要转身远离过去的失败，在作为人父的职分上委身于神。如果你乐意这么做，以下有四个步骤值得你去遵行。

一、作一家之主

你需要决心和委身。你可以这样祷告：「主啊，我知道祢要我担负起一家之主的责任。我愿凭意志作出决定来接受这个位置，并接受随之而来的责任。我为了这项任务，把自己委身于祢。」

一旦你作出这个委身，神会开始赋予你一家之主的权柄。贯穿整本圣经的原则就是：神从来不会只给予责任，却不赐下权柄；祂也绝不会只赐下权柄，而不赋予责任。

在耶稣的服事中，有一回一个罗马的百夫长差人去请耶稣来医治他濒临死亡的仆人。耶稣便与差役一同出发，前往百夫长的家去。但百夫长在祂到达之前，打发了一个朋友对耶稣说：

「主啊！不要劳动；因祢到我舍下，我不敢当。我也自以为不配去见祢，只要祢说一句话，我的仆人就必好了。因为我在人的权下，也有兵在我以下，对这个说：『去！』他就去；对那个说：『来！』他就来；对我的仆人说：『你做这事！』他就去做。」（路加福音七章 6 ～ 8 节）

罗马的百夫长知道，耶稣在属灵的领域中所拥有的权柄，就好比他自己在军事领域中所拥有的权柄。他用一句话，总结了在各种领域中掌权者必须具备的基本条件：「服从于权柄之下」。权柄总是从一个更高的源头所传授下来的。

耶稣在祂地上的事工结束时，对门徒说：「天上地下所有的权柄都赐给我了。」(马太福音廿八章 18 节) 宇宙中一切真实的权柄，都是从神那里、借着圣子耶稣基督而来的。

保罗在哥林多前书十一章 3 节中，描写到天上的权柄如何依序延伸到地上的每个家庭中：「我愿意你们知道，基督是各人的头；男人是女人的头；神是基督的头。」天上地下的权柄次序可以如下图示表达出来：

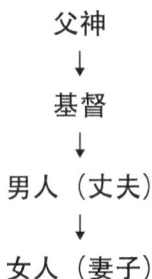

父神
↓
基督
↓
男人（丈夫）
↓
女人（妻子）

丈夫和父亲的权柄，是来自他们对耶稣的顺服。如果一个男人真正顺服耶稣作他的头，天上所有的权柄就会藉他展延到他的家庭，他便能在家中确实地发挥「头」的功用。相反地，如果一个男人不愿顺从耶稣，他就要付出许多属肉体的力量——咆哮、跺脚、发怒，甚至动粗——但他仍然缺少一样东西：神所赐的真正权柄，只有它才能使男人成为他家庭中真正的头。

二、相信神赐下你所需要的恩典

作父亲是神的呼召，正如作传道人或作牧师一样神圣。如果神呼召你从事何种服事，你便不能单单倚靠自己的能力，而要求祂赐下所需要的特别恩典来帮助你成功。因此，要相信神会赐下所需要的恩典，使你能作一个成功的父亲。

希伯来书四章 16 节可以激励你：

「所以，我们只管坦然无惧地来到施恩的宝座前，为要得怜恤，蒙恩惠，作随时的帮助。」

你必须知道，你可以借着耶稣直接进到统管万有的父神宝座前；每一种情况、每一个人，都是在祂的掌管之下。请你也留意，这施恩的宝座是基于神白白的恩典、是人不配得的，乃是借着耶稣在十字架上的代赎而可以进前来。神邀请你勇敢、毫不犹疑地来到这施恩宝座前，你并非畏缩的哀求者，而是父神的儿女，祂欢迎你随时来到祂的面前。

当你立在这个稳固的根基上来到神的面前时，祂会赐下两样礼物给你：「怜悯」和「恩典」。它们是神白白赐下、人白白领受的礼物，其中没有任何一样是赚取来的。

怜悯是为了过去

怜悯可以处理过去，它遮盖一切使你感到不配的过错、失败。一旦你承认、悔改所犯下的罪，罪就不能再辖制你了。

对你来说，过去的记忆也许历历在目，你仍会想起以前的你在行为上是多么不配作一个父亲。然而一旦你悔改、承认这些罪之后，福音的奇妙信息告诉我们：神不再记念这些事了。

弥迦书七章 18 ～ 19 节生动地传达出这样的好消息：

「神啊，有何神像祢，赦免罪孽，饶恕祢产业之余民的罪过，不永远怀怒，喜爱施恩？必再怜悯我们，将我们的罪孽踏在脚下，又将我们的一切罪投于深海。」

当你满足了神，祂就把你的罪抛诸遗忘的大海中，如同考丽坦布 (Corrrie ten Boom) 所说的：「当神把我们的罪抛进大海时，祂竖起了一个招牌，上面写道：『严禁垂钓！』」如果全能的神已经忘记你的罪，你又为何要设法回忆起它们，像那钓鱼的试图重新钓起你的罪来呢？

恩典是为着未来

一旦你已经好好地处理过去，你就能展望未来，去支取所需要的恩典，完成神呼召你作为父亲的使命。恩典就像怜悯一样，永远无法凭借一己之力去获得，它只能凭信心领受。

恩典被定义为：「神白白舍下、人不配得的恩惠。」因着你透过耶稣基督与神建立的关系，神以恩惠对待你；祂喜悦你，想要把最好的给你，并希望你凡事顺利，特别是在作父亲的事上。

使徒保罗忍受了极大的试炼和压力，他曾一度求神救他脱离这种处境，但神的回应是：「我的恩典够你用的。」（哥林多后书十二章 9 节）这恩典也会够你用的！你或许不必经历保罗所经历的一切，但不论你的处境如何，神给保罗的信息在今天依然真实：「我的恩典够你用的。」

恩典带领我们，超越自身能力的限制。当我们竭尽所能地付出一切努力之后，就可以仰望神的恩典，亦即祂超自然的能力。恩典的起头，就是我们自身能力的尽头。

这也适用于你克尽父职的事奉上。当你觉得无法胜任这项职责时，就该及时抓住神的恩典。向祂坦承你已经尽力了，告诉祂说：「主啊，我得倚靠祢去作我做不到的事，扮演我自己不能胜任的角色。」

然后，你将如同保罗一样地发现，资源用尽正是察觉神恩典够用的好时机。你将会如同使徒一样，说：「我什么时候软弱，什么时候就刚强了。」（哥林多后书十二章 10 节）

三、清楚你的任务

或许你需要再读一遍本书第八、九、十章，在这几章中提到一个父亲在他家中身兼祭司、先知、君王这三项职分的内容。你可以检视自己比较软弱的部分，然后祷告求神指示你如何能做得更好。

但要记住，神是站在你这一边的。祂喜悦你下定决心作家庭的头。当然也要记住，当我们完全倚靠神时，必会发觉祂完全靠得住！

四、给自己充足的时间来胜任

我们对时间的分配，可以约略看出生命中的优先次序，当然也可以看出我们对子女的重视程度。我们会发现，在现代的社会中，自己正处在与日俱增的压力下；我们常按照任务完成的速度来评量自己的成功，但在人际关系上，特别是我们与子女的关系上，这种方式却行不通！

我曾读过文章说到一对事业有成的父母，其中一位是律师，另一位则从事经商工作；他们和今天许多父母一样，只能给孩子少量的时间，但他们希望给的是「高品质的时刻」。换句话说，他们在每次和孩子固定相处的「高品质时刻」内，会全心全意地将注意力放在孩子身上。

我个人并不清楚在这个「高品质时刻」内，这对父母会与孩子们做些什么活动。但是我想，如果我是一个孩子，我不会满足于所谓定量的高质量时刻。我所想要的（我相信也是每个孩子想要的）是感觉到父母有时间陪伴，在我需要他们的时候，他们会在那里。

为人父母者（特别是作父亲的人）应当问自己，如果天父只分配定量的时间给我们，我们的感受又如何呢？我十分感谢神，因为我知道天父不是那样的！祂总是随事随在，白天、黑夜都是一样。祂的应许是：「他们尚未求告，我就应允；正说话的时候，我就垂听。」（以赛亚书六十五章 24 节）

当父亲的人显然也会有许多限制。有些情况只是在于体力上的不足，有些情况则是父亲必须付出时间去关注特定的重要事物。其实，关键不在于每天要花多少时间与子女在一起，而是让他们知道在有需要时，我们是有空的；当他们说话时，我们真能听进

他们想说的话。我们能否给孩子这样的保证，就如同神赐给我们确据一般，正如经文所说：「正说话的时候，我就垂听。」

许多年前，当利迪亚和大多数的孩子还在家中共同生活的时候，我记得某次全家人坐在餐桌旁轻松地分享属灵的经验。当时坐在我膝盖上的女儿年仅十岁，她在没有人为她祷告的情况下，于当下经历了圣灵权能、超自然的感动；圣灵并在此时刻赐给她一种新的语言，使她能用方言敬拜神。

后来我问自己，为什么在那个特别的时刻里她能完全向圣灵敞开？我的结论是，因为当她坐在我膝盖上的那一刻，她的内心充满了安全感并且感到被接纳，所有拦阻圣灵工作的障碍都被破除了。

作为父亲的人都应当问自己：「我家中的气氛，是否充满了安全感和接纳感？」为了在家中创造这样的气氛，我们要付出的时间和心力，就不仅止在「高品质时刻」里。你可能需要作出某种程度的牺牲，也许是放弃一些喜好或运动（至少是暂时放弃）。这样的行动胜过言语的表达，你的孩子会感受到你藉由行动表达的心意，那就是：「对我来说，你对我是多么重要！」

15. 属灵的父亲

我在第八章曾经提到，每个男人都可以透过成为一名真正的父亲，完美地诠释父神的形像，因为父亲的身分乃是预表神最终极的启示。有些人可能会说：「但我未婚」，或说：「我虽已婚，但没有儿女。那不就意味着，我永远不能成为像父神一样的男人？」

感谢神，答案为「不是」！你也许无法拥有亲生的儿女，但你可以作属灵上的父亲。我所指的是一种属灵上、非关血缘的父亲身分。属灵的父亲一点也不比肉身的父亲次等；事实上，圣经中一些伟大的人物都证明了这点。

亚伯拉罕是圣经中第一位、也是最杰出的榜样，他与夏甲、撒拉、基士拉生出肉身的孩子，成为血缘上的父亲。此外，圣经也指出亚伯拉罕是属灵之父的榜样。

保罗在罗马书四章 13 节中，告诉我们：「神应许亚伯拉罕和他后裔，必得承受世界，不是因律法，乃是因信而得的义。」他接着又说：

> 「所以人得为后嗣是本乎信，因此就属乎恩，叫应许定然归给一切后裔；不但归给那属乎律法的，也归给那效法亚伯拉罕之信的。亚伯拉罕所信的，是那叫死人复活、使无变为有的神，他在主面前作我们世人的父。如经上所记：『我已经立你作多国的父。』他在无可指望的时候，因信仍有指望，就得以作多国的父，正如先前所说：『你的后裔将要如此。』」

（罗马书四章 16 ～ 18 节）

所以，在属灵的意义上，亚伯拉罕成为多国之父。他是在什么基础上被赋予这样的尊荣？乃是基于他稳固、不动摇的信心，反映在他对神的全心顺服上；其中最极致的行为表现，是亚伯拉罕响应神的要求，甘愿把儿子以撒献上为祭。

亚伯拉罕自此开展出一条道路，使后来所有的信徒都能跟随。保罗在罗马书四章 20 节中，道出了亚伯拉罕坚定的信心：「并且仰望神的应许，总没有因不信心里起疑惑，反倒因信心里得坚固，将荣耀归给神。」

保罗的榜样

另一位杰出的属灵之父是使徒保罗。他在哥林多前书四章 14 ～ 16 节中，写信给哥林多教会的基督徒说：

> 「我写这话，不是叫你们羞愧，乃是警戒你们，好像我所亲爱的儿女一样。你们学基督的，师傅虽有一万，为父的却是不多，因我在基督耶稣里用福音生了你们。所以，我求你们效法我。」

保罗在哥林多人身上撒下福音的种子，成为许多信徒的属灵之父。因此，一位神仆若忠实地传神的道，就可以生养许多属灵的儿女。

创世记一章 29 节中说到神创造万物的原则是：

> 「神说：『看哪，我将遍地上一保证种子的菜蔬和一切树上所结有核的果子全赐给你们作食物。』」

树上的果实才可能带来种子。一篇讲章若来自结不出果实的生命，就无法在别人身上撒下生命的种子。因此，许多讲道只能带来短暂的情感反应，却结不出永恒的果实。

保罗在腓立比书二章 20 ～ 22 节中，又传达了另一种属灵之父的写照。他对年轻的同工提摩太说：

> 「我没有别人与我同心，实在挂念你们的事。别人都求自己的事，并不求耶稣基督的事。但你们知道提摩太的明证，他兴旺福音，与我同劳，待我像儿子待父亲一样。」

使徒行传十六章 1 ～ 3 节记载了提摩太加入保罗第二次的宣教旅程。保罗首次在特庇、路司得一带遇见提摩太时，提摩太已是一个受地方教会领袖称赞的信徒。保罗看出这个年轻人身上的属灵潜力，于是邀请他一同旅行。从那时起，提摩太便成为保罗最可靠的同工，直到保罗为福音殉道为止。

在这个例子中，保罗不是透过传福音而成为提摩太的属灵父亲；他是借由个人的关系，接纳提摩太成为他可靠的同工。提摩太不仅从保罗那里领受属灵的引导，也随他经历事工中许多不同的阶段。提摩太亲眼目睹保罗如何在日常生活的各种压力中，活出自己的教导来。

保罗在临终前，写信给提摩太：

「你已经服从了我的教训、品行、志向、信心、宽容、爱心、忍耐，以及我在安提阿、以哥念、路司得所遭遇的逼迫、苦难。我所忍受是何等的逼迫；但从这一切苦难中，主都把我救出来了。不但如此，凡立志在基督耶稣里敬虔度日的也都要受逼迫。」

（提摩太后书三章 10 ～ 12 节）

提摩太从保罗那里所领受的，不是从课堂中学习而来，乃是在充满压力、动荡的生涯中得到。提摩太不单单听保罗讲道，更重要的，他亲眼见保罗如何实践他所教导的一切。这种亲密的个人连结，使保罗成为提摩太的属灵父亲。

此外，保罗也与好几个年轻人建立起类似的关系，尽管他们之间亲近的程度未及他与提摩太。他们当中包括了提多、庇哩亚的所巴特、帖撒罗尼迦的亚里达古和西公都、特庇人该犹，以及西亚人推基古和特罗非摩。

现代教会最普遍的需要是，扮演起保罗角色的男人能栽培出年轻的提摩太。我已经指出，当今社会中迫切需要男人成为真正的父亲，在教会中也是如此。男人可以组织、讲道、担任行政管理、进行各种宗教仪式，但有多少人愿意为年轻的信徒付

出生命？不单与他们分享成功，也分享基督徒生命中的艰辛和挫折？多少人乐意在有需要的情况下，与人分享他们曾经历的软弱和挫败？

保罗在帖撒罗尼迦前书的经文中，引出了「第三代」属灵父亲的职分。保罗代表自己和西拉、提摩太说：

> 「你们也晓得我们怎样劝勉你们，安慰你们，嘱咐你们各人，好像父亲待自己的儿女一样。要叫你们行事对得起那召你们进祂国、得祂荣耀的神。」
>
> （帖撒罗尼迦前书二章 11 ～ 12 节）

提摩太在此和保罗、西拉一同担负起帖撒罗尼迦基督徒属灵父亲的角色。因此，保罗在属灵上的孩子，现在也成了帖撒罗尼迦人属灵的父亲。这就形成了一种三代间的属灵关系：保罗是提摩太的父亲，提摩太则是帖撒罗尼迦信徒的父亲，这样的关系可由下列的简图呈现：

保罗

↓

提摩太

↓

帖撒罗尼迦教会

充满信心与顺服的生命

我在第七章指出耶稣并未采用神学概念向门徒们启示父神。祂在约翰福音十七章 6 节说，祂在门徒面前生活，藉以「显明」父神的名字。祂生命中的每时每刻都与父神保持个人的交通；祂完全倚靠父神，从不违背父神的旨意。

同样地，属灵父亲不只是一个标签，担任这个职分的人必须活出信心与顺服的生命，成为被人跟随的榜样。

一个属灵的父亲必须像耶稣一样，向神所托付给他的人发出命令:「来跟随我!」抑或像保罗对哥林多的基督徒所宣告的:「你们该效法我，像我效法基督一样。」(哥林多前书十一章 1 节)

现代的以色列军队中有一项军规。指挥官不能对军兵说:「前进」，而是要说:「跟我来」。这同样适用于主的军队。

对神的仆人来说，这方面的性格磨塑过程，乃是最严峻的考验。因此，我们应当求问，男人若希望尽到属灵之父的责任，应当在性格上具备什么条件? 我们可以在圣经中简单归纳出属灵父亲性格上的特质，进而找到答案。

亚伯拉罕

我留意到亚伯拉罕性格中很突出的一点，是他不摇摆的信心和他对神即刻、完全的顺服。当他遵从神的要求，献上儿子以撒为祭时，他就表现出这种美好的人格特质。

以撒无疑是亚伯拉罕生命中最大的珍宝。希伯来书的作者也指出，亚伯拉罕必须透过以撒，领受神应许赐给他的一切福分。但亚伯拉罕的信心并没有摇摆不定，他不仅顺从了，而且是毫不犹豫地立即顺从。

> 「亚伯拉罕清早起来, 备上驴, 带着两个仆人和他儿子以撒,
> 也劈好了燔祭的柴, 就起身往神所指示他的地方去了。」
>
> (创世记廿二章 3 节)

保罗

保罗乃是藉由传福音，而成为哥林多信徒属灵上的父亲，在他的福音信息中表明了两点:

第一、保罗的讲道并没有像今日的某些传道人一样，为人生的问题提供一个简化、单纯的答案。他对哥林多人传讲的信息乃是专注在十字架上；保罗在哥林多前书二章 1～2 节中强调说：

> 「弟兄们，从前我到你们那里去，并没有用高言大智对你们宣传神的奥秘。因为我曾定了主意，在你们中间不知道别的，只知道耶稣基督并祂钉十字架。」

保罗不只传讲十字架，更重要的是，他在自己的生命中经历了十字架，正如他在加拉太书六章 14 节中所写的：

> 「但我断不以别的夸口，只夸我们主耶稣基督的十字架；因这十字架，就我而论，世界已经钉在十字架上；就世界而论，我已经钉在十字架上。」

保罗的信息专注于十字架，他一生也将个人的雄心和追求自我的抱负，全都无情地钉上十字架；他的生命印证十字架的道理，因此他在哥林多城生了许多属灵的儿女。

反之，一个没有将生命钉十字架的传道人，其信息会使十字架落了空；他无法像保罗在哥林多一样，生出属灵的儿女。

保罗、西拉和提摩太

我们在帖撒罗尼迦前书中，可以看到保罗、西拉和提摩太已经成为属灵的父亲。保罗写道：

> 「我们向你们信主的人，是何等圣洁、公义、无可指摘，有你们作见证，也有神作见证。你们也晓得我们怎样劝勉你们，安慰你们，嘱咐你们各人，好像父亲待自己的儿女一样，要叫你们行事对得起那召你们进祂国、得祂荣耀的神。」
>
> （帖撒罗尼迦前书二章 10～12 节）

保罗明确指出，这三个父亲的为人具有两个共通的特质。第一、他们的榜样；他们个人的生命是「无可指摘」的。第二、他

们对帖撒罗尼迦人有着为父的心肠。他们在帖撒罗尼迦人面前立下极高的标准，并且不断地挑战、激励门徒超越自我。正如一个肉身的父亲会以他儿女的成功为荣，这三位属灵的父亲也迫切想见到门徒们成熟长大。

哪些品性？

如果总结上述这些男人品格的特质，可以简列如下：

不摇摆的信心

立即、完全的顺服

专注于十字架的信息

将十字架的道理运用在自己的身上

无可指摘的基督徒行为

对年轻信徒有为父的爱

真诚关注他们灵命上的成熟长进

可行的为父之道：认养

另一种介于生父和属灵父亲之间的实际父职便是认养，也就是说，人们透过法律途径或其他的管道，领养那些父母不能或不愿照顾的孩子。

论到这点，我常想起雅各书中蒙神喜悦的信仰定义：

「在神我们的父面前，那清洁没有玷污的虔诚，就是看顾在患难中的孤儿寡妇，并且保守自己不沾染世俗。」

（雅各书一章 27 节）

宗教与救恩之间的分别在于：救恩是神为人所行的事，宗教则是人为了回报神而做的事。我们的宗教，就是我们对神救恩的回应。

　　最近，我不断想起雅各书信中的这一节经文。我很惊讶地发现，许多相信圣经的基督徒，似乎不明白雅各在这节经文中所要表达的意义。雅各在写到何种宗教的行为能够讨神喜悦时，他先是勉励基督徒，要表现出看顾孤儿寡妇的积极行为。然后，他再以保守己心作为总结，劝勉读者要：「保守自己不沾染世俗。」

　　我听不同的传道人讲道超过五十年之久了，其中有许多信息都大谈基督徒需要保守自己不沾染世俗，但我很少听见有讲章提醒我们看顾孤儿、寡妇的责任。

　　然而，整本圣经皆不断强调我们看顾孤儿、寡妇的责任。我从旧约先知信息里的分析得知，有三种主要的罪是得罪神的：第一是拜偶像，第二是奸淫，第三是没有看顾孤儿、寡妇。我认为，这三种罪在神看来都是大罪。

　　当然，前两种罪是人主动犯下的罪行，而第三种则是忽略的罪。但这不表示第三种罪比前两种轻，知道行善却不去行，和故意行恶同样有罪。

　　事实上，孤儿、寡妇在全世界各地日益增多，我们拥有很多行善的机会。在这本书出版的时候，光是在非洲大陆中的小国乌干达里，就有几百万的艾滋病孤儿。艾滋病若是大举入侵中印半岛，其死亡率将会比非洲更可怕。

　　有些富裕国家的基督徒抱持的态度却是：「那是落后、未开化国家的问题，我们不必为他们负责。」

　　我并不赞同。我相信，我有责任看顾我的弟兄，不论他的肤色为何或是住在哪个国家。此外，孤儿寡妇的问题同样也出现在西方社会中，其严重程度不亚于发展中的国家，只是呈现的形式有所不同。我曾在本书第十二章中指出，有愈来愈多乏人照料的年轻孩子「被各种撒但的伎俩掳去」，只因他们的生父未能克尽亲职。按字典上的定义，这些孩子不一定是孤儿，但他们也需要很多的帮助。

　　西方社会中的破碎家庭与日俱增，因而产生愈来愈多的单亲家庭。这些单亲大多是母亲，而非父亲。有人说，他们之所以遭受艰难是咎由自取。有些孩子的确是父母亲在婚外关系所生的，但是，耶稣的福音难道会禁止我们向罪人施怜悯吗？而且，受害最多的往往是乏人照料的孩子，他们根本就不是犯罪的人。还有许多已婚的妇女为丈夫生养儿女之后，却被无故地抛弃，她们在不得已的情况下变成了单亲妈妈。

　　但是，现今的教会甚少对这群为数众多的单亲付诸关心。我相信，神透过先知以赛亚对以色列人所发出的话语，一样是对我们说的：

「你们要洗濯、自洁，从我眼前除掉你们的恶行，要止住作恶，学习行善，寻求公平，解救受欺压的；给孤儿伸冤，为寡妇辨屈。」

（以赛亚书一章 16 ～ 17 节）

　　有些基督徒并不认同这段话可以应用在他们身上。但正如我已经说过的，知道要行善却不去行，与故意行恶一样有罪。我们也应当记住，以赛亚说话的对象正是一群非常热心服事的宗教人士。神已经事先警告他们：

「你们不要再献虚浮的供物。香品是我所憎恶的；月朔和安息日，并宣召的大会，也是我所憎恶的；作罪孽，又守严肃会，我也不能容忍。」

（以赛亚书一章 13 节）

　　耶稣在路加福音六章 46 节，也直指当时的宗教人士：「你们为什么称呼我『主啊，主啊』却不遵我的话行呢？」祂指责的不是他们的行为，而是他们没有去做的事。

　　现代西方社会中有许多人变得愤世嫉俗，他们认为基督教是前几代人留下来的不当传统。他们觉得，基督徒不能为今日的社会问题提供解答。这些人对于听讲道没有兴趣，他们希望看到的，是福音能产生正面、实际的果效。

　　教会可以透过我先前所提的几种方式，彰显为父的职分，对社会发挥具体可观的影响力。今日的社会中有许多年轻人，寻找各种慰藉以填补他们生命的空缺：酒精、毒品、帮派、邪教、占星、哲学、暴力电玩。

　　这些孩子正在寻找一个父亲，尽管他们浑然不觉。

16. 属灵父亲在哪里？

一九八〇年代曾有两位举世闻名的布道家，做过仔细的统计。他们针对在大型布道会中响应福音、并且信主的人进行追踪。举办这样的大型聚会需要投注许多的经费与人力，以从事会前的规划统筹及预备；此外，还要加上会后的跟进，参与同工的摆上可谓不遗余力。然而，他们分析的结果却很令人难过。一位布道家总结说，这些布道会中信主的人只有百分之五成为真正委身的基督徒，而另一位布道家则说只有百分之三。

我想先说明的是，这些数字并非来自世俗的调查机构，因此我们可以排除研究人员对福音持有偏见的可能性。这两项调查的执行单位，都是由两位布道家所成立的机构。我也想说明，我无意批评这两位布道家，他们都是经过考验的正直男性，我视他们为主内值得尊重的弟兄。

然而，我们的确需要这么想，如果一般的企业斥资执行某项项目，它所得到的营收却只有百分之五、甚至更少，这样的公司肯定要倒闭。平心而论，这两个统计数字是否代表当代的教会已经面临属灵破产的光景？

福音布道的事工缺乏长久果效，不能归咎于所传的信息有瑕疵，一般的布道信息都会强调重生的必要性，也会清楚讲明救恩；其中，也许会因为较少强调神对罪的审判，而使信息未能达到新约的标准。但这无法解释，布道会为何结不出常存的果子。

我相信这种令人失望的现象，与当今教会整体的光景有关。当我担任牧职时，我在一次的布道会中担任所属牧区的辅导员，在那个牧区里所收割的庄稼，据称是成效卓著的。作为辅导员的责任，不仅要在会中与慕道友协谈，也要在会后透过电话、书信或邀访与他们保持长期联络。

我从记录中发现，我在这次布道会中辅导过廿二位慕道友。我在这个过程中用尽了一切可能的跟进方式，结果只有两位成为真

正委身的基督徒。这两位慕道友后来都成为我教会的成员,多年之后我仍继续跟进,他们也都成了稳定结果子的基督徒。

这两个果子成功的原因为何? 我并不是一间大教会的牧师。当时我教会的成员不到五十人! 最终,我归纳出其中关键的因素是:我与他们两人建立起某种程度上属灵父子的关系,尽管可能不尽完全。

我相信,其余的二十人未能成为长进委身的基督徒,在于以下的原因:他们从不归属于一个教会,要不就是他们归属于教会了,但那个教会却无法与他们建立属灵父子的关系。这种情况就如一位神学家所说的:「把活生生的小鸡放在死母鸡底下,是没有道理的!」

基督教还是教堂教?

耶稣差派首批使徒,至今已有二十个世纪之久了。基督教世界在这段时间内已经悄悄地发生许多重大的改变。我们以基督教堂取代了基督教。教堂产生会友,但基督教则是产生门徒。基督教堂强求遵从,基督教要求委身。今日大部的基督徒并未察觉,他们已经远离了福音起初的典范和标准。他们只是从现代教会的外貌,来塑造自己对基督教的概念。

当耶稣差派首批的使徒时,祂给予他们清楚的指示:

「所以,你们要去,使万民作我的门徒……。」

(马太福音廿八章 19 节)

在此之前,耶稣也很明确地告诉他们,作祂的门徒意味着什么:

「有极多的人和耶稣同行。祂转过来对他们说:『人到我这里来,若不爱我胜过爱自己的父母、妻子、儿女、弟兄、姊妹,和自己的性命,就不能作我的门徒。凡不背着自己十字架跟从我的,也不能作我的门徒。」

(路加福音十四章 25 ~ 27 节)

我们可从这段经文看出一个强烈的对比：首先是有极多的人和耶稣同行，但另外有人是个别地「跟从耶稣」。教堂满足于为数众多的耶稣信徒来到教会；基督信仰所关注的却是信徒个人如何跟随耶稣。基督信仰的内涵，在于倍增委身的跟随者，而非旅程中的过客。

从我上述个人的辅导经历以及其他类似的情况中，我发现惟有当基督徒真正肩负起属灵上为父的重任时，才能使初信者转变成委身的门徒。新信徒在初入教会时，很少人的灵命能够迅速地进深到自给自足的程度。大部分的新信徒在没有称职的属灵父亲尽责看顾的情况下，仍然是属灵的孤儿，永远无法在神的家中长大成熟、结果子。

我在第十二章的主题「当父亲失职时」，谈到年轻人成长的过程中，父亲缺席对他们所造成的影响：缺乏管教、缺乏清楚的人生目标、易受各种撒但伎俩的诱惑和欺骗。当代教会的光景，也与这个世界的处境相仿。许多年轻人虽然口里宣称得救，但他们的行为表现却和社会上同年龄的人一样没有方向感。他们的言语、衣着、娱乐、甚至敬拜的表达方式，都跟随着流行时尚的风潮。对这些年轻人来说，敬拜是一种宗教自我表达的形式。他们鲜少把敬拜看作是个人与圣洁可畏之神相遇的时刻。他们大部分人的生命，都缺少两样东西——稳定性和明确的目标。

在当今的文化中，年轻人不论在教会或在世界普遍都有三种特征：

迷惘

首先，他们无论对国家现状、世界局势，或是对社会漠视贫苦的不公现象，都感到迷惘。他们觉得前几代对不起他们，为他们留下一些看不到解答的问题。

身为上一代人的我必须承认，年轻人至少在这方面是对的。我们为下一代所营造的文化和社会现状，多数是我们犯罪的恶果

——贪婪、自私、对软弱无助者无动于衷。尽管我们许多人自称是基督徒,却未能尽到「纯洁无瑕的宗教」所要求的首要责任:看顾孤儿寡妇。无怪乎当我们要求正在兴起的一代持守基督信仰时,他们会说:「先实践你自己所传讲的,然后我们才会听你的话。」

寻求纯金

当今年轻人的第二个特征,是他们正在寻求何为真。如果我们给他们金子,他们会拿一把刀刮去表层,看看里外是否都为真金,抑或只是外表镀金而已。

启示录第二、三章所描绘的七间教会,其中一个最接近当代西方教会的就是老底嘉教会。耶稣对这个教会说:「我劝你向我买火炼的金子。」(启示录三章 18 节)当代教会中,有许多金子都还没通过火炼的试验。我们的讲章讲得顺口,也夸口说了很多大话,但通常一经火炼,那金子就经不住考验了。

激进的回应

当今年轻人的第三个记号是激进。他们所寻求的不是简单的、表面的答案。他们对于既定的秩序或长久的传统都没有兴趣;在他们的眼中,没有任何事物是神圣不可侵犯的。如果一棵树只结坏果子或不结果子,他们的响应很简单,就是:「把它砍了!」(他们会积极响应施洗约翰传讲的信息!) 他们的生命光景是一种绝望、无言的呐喊;他们其实渴望善尽父职的属灵父亲,能够真实地生活在他们中间。

脱离软弱成为刚强

写到这里可能有人会说:「你所描写的属灵父亲,标准太高! 我永远也不能成为亚伯拉罕或保罗。」

的确,神的标准很高,祂也从来不降低标准。但另一件事也是真实的:神的恩典总是够用的。每当神赋予你一项任务,祂也

赐给你恩典去贯彻执行。

神在圣经中树立亚伯拉罕和保罗这些人物标竿，不是要强迫我们达到他们的标准，而是要教导我们效法他们的榜样。保罗在罗马书四章 12 节中说，如果我们跟随亚伯拉罕信心的脚踪去行，亚伯拉罕就是我们的父。换句话说，亚伯拉罕已经走出了一条信心之路，这条路值得所有信主的人跟随。

保罗也劝勉说：「你们该效法我，像我效法基督一样。」（哥林多前书十一章 1 节）如果神的恩典可以大大改变扫罗这个迫害基督徒的罪魁，使他成为效仿基督的人，那么神的恩典便能够改变你成为效仿保罗的人。使徒保罗在提摩太前书一章 16 节中说，那正是他得救的目的：「耶稣基督要在我这罪魁身上显明祂一切的忍耐，给后来信祂得永生的人作榜样。」

以简单的话来说，保罗是在表明：「如果神能改变我，祂就能改变任何人了！」

同时也当记住，亚伯拉罕和保罗两人都有软弱的时候。亚伯拉罕犯过一些严重的错误，他曾因为妻子撒拉无法生下子嗣而感到绝望，于是和撒拉的使女生了一个儿子。后来，他为了保护自己的性命，对基拉耳王亚比米勒说撒拉是他的妹妹，并且容许撒拉被带进亚比米勒王的后宫。幸好有神超自然的介入拯救，撒拉才不致成为亚比米勒的嫔妃（参考创世记第二十章）。

然而，神从未放弃亚伯拉罕。亚伯拉罕靠着神的恩典，终于成就了神所预定的旨意。

保罗同样也有他软弱的时候。哥林多后书一章 8 ～ 9 节中，保罗论到他自己和同伴说：

> 「我们从前在亚细亚遭遇苦难，被压太重，力不能胜，甚至连活命的指望都绝了；自己心里也断定是必死的，叫我们不靠自己，只靠叫死人复活的神。」

神允许保罗来到一个完全软弱的地步，使他再也不要相信自

己，而是相信那位甚至能使死人复活的主。

后来，保罗在同一篇书信中论到，他终于知道神的能力如何能在人的软弱上显得完全。他得出一个结论：

「因我什么时候软弱，什么时候就刚强了。」

(哥林多后书十二章 10 节)

的确，亚伯拉罕和保罗都树立了属灵父亲的榜样，但他们都是来到自己能力的尽头、开始倚靠神超自然的恩典时才成为属灵父亲的。今日，这项原则仍然适用。男人只有在响应那个神预先放在他们心中的渴望时，才能成为属灵父亲。属灵父亲每当来到自己能力的尽头时，就会开始倚靠神超自然的能力。

耶稣在马太福音四章 19 节中，对彼得和安得烈说：「来跟从我，我要叫你们得人如得鱼一样。」这段话也是对今天的我们说的。我们自己原是怎样的人并不重要，重要的是，我们跟随耶稣之后，祂能使我们成为怎样的人。

你是否见到身旁那群不安、没有方向的年轻生命，正在无言地呐喊、呼求帮助？你是否意识到，他们所需要的是一位属灵父亲？你渴望帮助他们吗？那么，你应当明白是神亲自把这个渴望放在你心中的，祂想使你成为一位属灵父亲。

一旦你明白这是神对你的计划，你自己原是怎样的人就不再那么重要了。重要的是，一旦你把自己完全交托给祂时，神能使你成为怎样的人。用你自己的方式和语言，单单告诉祂你愿意被祂使用。祂会成全其余的一切！

17. 献给无父之人的话

读了前几章的内容，也许你意识到，你从来就不认识我所描写的那个父亲。如果你正是如此，让我告诉你，今日的世界上，有成千上万的人与你一样。

当然，我们每个人都有一个生父，我们肉体的生命从他而来。但那并不表示，我们的生父将会符合我在本书中试图描绘的圣经画像。事实上，今日世界上鲜有父亲能够得上这个标准！

如果你未曾享受过父爱，你的内心深处就会有一个从来没有被填满的空缺。它也许被深藏已久，以致你浑然不觉，但这个空缺的确存在，也因而使你成为不完全的人。

我不是说，你必须拥有一个完美的父亲，其实完美的父亲只有一个，就是我们在天上的父神。但是，若有一个地上的父亲可以够得上圣经中的原则，即使他有许多的不足，还是可以填补你内心的空缺。如此一来，你便不是无父之人，因为你能从切身经历中知道有父亲的感受。

正如我曾经提过，成千上万的人无法体会这种感受。

如果我与你分享我自己的经历，不晓得是否对你会有帮助？我的父亲和我所认识的每个男性亲戚一样，都是英国军队的军官。他是一个严守道德规范又很诚实的男人，忠于职守，也是一名优秀的军人。由于他在驻印度的英国军队中服役，所以我出生在印度的班加拉（Bangalore）。

当我出生以后，医生建议我的母亲不宜再生育，我便成了独生子。我的父母为了弥补这个缺憾，而采用了一个他们认为最好的办法：让我的父亲以兄长的身分与我相处，而不是以父亲的身分。他们显然认为对我来说，有一个兄长比有一个父亲更为重要。结果，我从来没有称他为父亲或爸爸，只是叫他的名字。我不曾怀疑他对我的爱，只是他从来没有向我表达。我不记得，他曾把我抱在膝上或拥抱过我。

第二次世界大战当我满廿五岁时，我在英军的一个营地里与耶稣基督有了一次个人的相遇之后，成为一名委身的基督徒。这个经历让我开始感受到属灵势力的存在，但在此之前，我从来就没有留意过。

信主之后，我特别能够感受到我的出生地——印度的上空盘旋着一股巨大的属灵势力，而这一切都与基督无关。在我过往的生命中，某些印度教的属灵势力一直跟随着我，企图要控制我，但这些势力从未成功，只是我也从未完全脱离它们的影响范围。我在成为委身的基督徒之前，还曾经想要成为一名瑜伽导师。

当我成为基督徒后，我从研读圣经中得知，藉由重生，神便成为我的父亲。其实，我还曾经传讲了一系列主题为「认识父神」的讲章，不同的人前来告诉我这些讲章对他们极有帮助。然而，尽管我当时并不明白我只是在传讲一个理论，虽然我很清楚这个教义，但在我生命的经历中确实尚未认识到神真是我的父亲。我甚至连生命中缺乏什么，都没有意识到。

个人启示

一九九六年，我刚庆祝全职事奉五十周年纪念之后，神介入了我的生命。某天早晨我和路得坐在床头，如同往常般一同祷告。突然间，我被超自然的能力所触摸，我发现自己成了两股属灵势力的战场。

我身后好像有一只看不见的手，手里拿着一顶像是黑色帽子的东西，企图套在我的头上。圣灵的能力同时也在我的全身动工，从我的脚底一直朝上方涌动。我的身体开始激烈摇晃，后来路得告诉我，我的面色变得紫红；我的印象则是这两股势力彼此相争，圣灵的大能从我身上往上直奔，抵挡那只企图将帽子往我头上盖的手。

最后圣灵得胜了。那只拿帽子的手被推开，消失了。圣灵在我身上完全掌权，我顿时感到无比的释放和平安。

几乎就在同时，我第一次可以不必经过大脑的逻辑判断，就能与神一同经历如此直接、亲密的父子关系。我顿时觉得，称祂为父亲是再自然不过的事了。它不再是一个神学上的解释，而是一种个人关系的自然表达。

我在默想这个经历时，意识到那只拿帽子的手，是出于印度教三大神之一的婆罗门（当然牠们根本就不是神，只是撒但在空中的属灵邪恶权势）。

我对这个经历的理解，大约是在两年之后得到印证，当时我无意中读到一些有关印度教诸神的描述。它说到婆罗门是一种属灵势力，会从人的头部进入，使人无视于属天领域中的一切事实。那正是那只伸到我头顶上的手，想要在我身上做成的事。我真感谢圣灵在那个危急时刻前来援助我，赶逐了那股试图控制我的邪恶权势。

自从一九九六年的那次经历之后，我与父神的关系愈发坚定与亲密了。

一种全新的关系

这份全新的关系，在我的生命中造成了长久、深刻的影响。在此之前，我尽最大的力量事奉基督达五十多年之久，期间神也赐给我许多事奉的果实。但在进入与父神相交的全新关系之后，我开始感受到的亲密和安全感，是我以前从未经历过的。

这份新关系虽然无法使我免除身为基督徒必须承受的试炼，但却可以在我里面产生更大的力量和信心，去面对这些挑战。此外，试炼无法隔绝我和神，反而将我与神的关系拉得更近了。

在那件事情经过三年之后，我走过了基督徒生命中最痛苦的一段经历。我宝贵的妻子路得待在加护病房救治一个多月之后，被神接回天家了。我的失落感是言语难以形容的，但我未曾有一刻失去父神慈爱的同在。

在葬礼中，当我俯视路得的棺木放进坟墓中时，我甚至激动地对着前来吊唁的众人大声地说：「父啊，我相信祢。我感谢祢，祢总是慈爱、和善、公义，祢总是不会犯错，祢所做的都是最好的。」

惟有基于深刻认识父神的关系中，我才能在人面前承认祂。后来，有好几个前来观礼的朋友告诉我，他们得到极大的鼓励。

然而，我不想留给你一个印象，使你误以为要认识父神就必须像我这样。神与我们每个人的关系都是独一无二的，并没有必须遵循的标准步骤。不过，确实有几项属灵的原则是每一个生命都必须顺从的。

耶稣在马太福音十一章 27 节中所设立的首要原则，是认识祂是神的儿子，然后认识神是祂的父：

「一切所有的，都是我父交付我的；除了父，没有人知道子；除了子和子所愿意指示的，没有人知道父。」

圣父与圣子彼此密切合作。首先是父神向圣子启示，这是第一步，因为我们只有借着子才能认识父神。耶稣在约翰福音十四章 6 节中说：「若不借着我，没有人能到父那里去。」紧接着是第二步，耶稣启示父神，不过这只能凭借着父神绝对的主权。耶稣强调父神的启示，只赐给那些「子所愿意指示的。」（马太福音十一章 27 节）

耶稣在这里说到，这种启示惟独祂才能赐下。这里有个重点值得我们注意，那就是：知道圣经教义和透过启示来了解圣经是有差别的。五十多年来，我诚实地接受神是我的父这个教义，但当我直接领受这个启示时，情况是大不相同的。

借着子到父那里去

读到这里，你也许开始意识到你是一个无父之人，你从来不认识这个真正的父亲。现在你的心中燃起一种渴望，那是一种对父亲的孺慕之情。

在你过往的生命中，也许不曾有人做过你真正的父亲，那么你就更应当感谢神，你可以认识这个天上的父亲！但首先你必须认识耶稣是你个人的救主，借着祂，你领受了永生的礼物。

一、接受耶稣为救主

如果你对圣经中所说的这个应许没有把握，首先你要接受耶稣为你个人的救主。这一点清楚地记在约翰福音一章 11 ～ 13 节：

「祂（耶稣）到自己的地方来，自己的人倒不接待祂。凡接待祂的，就是信祂名的人，祂就赐他们权柄作神的儿女。这等人不是从血气生的，不是从情欲生的，也不是从人意生的，乃是从神生的。」

这时，如果你愿意，你可以作这样一个简单的祷告：

「主耶稣基督，我承认祢是神的儿子，是到神那里去的惟一道路。我相信祢死在十字架上，为我的罪受了刑罚，并且祢已从死里复活。我现在求祢赦免我所有的罪，我凭信心接受祢作我个人的救主，进入我的心中，赐给我永生的礼物，阿们。」

当你凭单纯的信心作了这个祷告之后，神应许会赐给你一个内在的确据，使你知道祂已经接受你作祂的儿女了。使徒在约翰一书五章 10 节中，告诉我们：「信神儿子的，就有这见证在他心里。」保罗也在罗马书八章 16 节中，告诉我们：「圣灵与我们的心同证我们是神的儿女。」

现在就凭信心感谢神，祂已经接纳你成为祂的儿女了。你愈是向祂感恩，就愈发显出你信心的真实度，这信心就是：你已经真正成为神的儿女。圣灵也会在你的灵里见证这个事实。

二、亲近神如同父亲

现在，耶稣已经成为一扇门，使你可以坦然无惧地从这门进去，得以亲近神。你被赋予权柄去接受一个只有耶稣才能给你的个别启示，那就是明白神就是你天上的父。

我已经与你分享，在我度过五十多年重生的生活之后，我才真正进入这个启示中，明白父神就是我在天上的父亲。然而，我一点也不希望其他基督徒像我一样，需要等待这么久。事实上，我写这本书的一个主要目的，就是要帮助基督徒能更早地进入这个启示之中。

当然，我们每个人都要完全藉由耶稣来赐下这个启示，祂自己也亲自这么强调过：「除了子和子所愿意指示的，没有人知道父。」（马太福音十一章 27 节）我们每个人来到耶稣的施恩座前，承认我们需要完全倚靠神，乃是一件非常健康的事。

有些现代版的福音，把神描写为一个天上的自动贩卖机。当你投入几个硬币、按下适当的按钮，你想要的东西就会自动出来了。但神不是自动贩卖机；祂是一个训练祂儿女的父亲，并为我们设下某些行为的规范。其中的一个训练就是要求我们在祂面前谦卑自己：「因为神阻挡骄傲的人，赐恩给谦卑的人。」（彼得前书五章 5 节）

另一个训练也是我们必须学习的，就是等候神。我们觉得适合的时间，并不总是神指定的时间。「但那等候耶和华的必从新得力。」（以赛亚书四十章 31 节）我有好几次想尝试数算圣经中，所有神为等候祂的人所预备的应许，但我从来没有成功过，因为圣经中的应许太多了！

就我而言，神没有太早赐给我这个启示，是因为祂在预备我的生命。当然，一旦祂真的赐给我启示，我便得以欣然接受这个珍宝，并且视之为值得等待的！

祈求、寻找、叩门

或许你已经领受了这个借着耶稣而来的个人启示，明白神是你的天父。就像我一样，你对这个真理是再清楚不过了。但你也许和过去的我处在同一种景况之中。你毫不怀疑自己已经重生了，并且尽你最大的理解和能力竭诚事奉主，但你渴望一种超越目前经历的关系——与父神建立起深切、亲密、永恒的关系。

我想鼓励你，追求神为你预备的一切丰盛。花时间来到耶稣面前，向祂陈明你内心的渴望，祈求祂向你显明，你与祂之间是否有任何隐而未现的阻碍。预备自己，让祂带领你走你不曾走过的路，并且毫无保留地降服于祂。

同时，不要预先设想神会如何与你相遇。我个人的例子是，神用一种强烈的超自然经历向我启示祂是父神，但神启示你的方式可能和我的完全不同。你的经历也许会像何烈山的以利亚一样，要持续等候神说话（参考列王记上十九章 11 ～ 18 节）。

先知以利亚最先是看见三个超自然的大能彰显：风、地震、火，但神并不在其中。这些事之后，是一个「微小的声音」（第 12 节）。神启示以利亚的方式极为静谧、平淡。然而，当以利亚听到祂的声音之后，他便用外衣蒙上脸，以示他对神的敬畏。

神微小声音中的大能，远超过最强烈的风、地震或火！那也许会是神遇见你的方式。

不论如何，耶稣的话语总能激励你。以下这段经文适用于各种处境，而祂所用的动词都是表明重复或持续的动作：

「你们祈求〔并不断地祈求〕，就给你们；寻找〔并不断地寻找〕，就寻见；叩门〔并不断地叩门〕，就给你们开门。」

（马太福音七章 7 节）

记住：寻找，就寻见；叩门，就给你们开门。

耶稣在下段经文中，再一次给我们确认和鼓励。

「因为凡祈求的，就得着；寻找的，就寻见；叩门的，就给他开门」

这话中的「凡」字所指的，当然也包括了你。

* * * *

在你合上这本书之前，大致复习一下本书的主题。神透过家庭的设立，在人的身上彰显祂最完全的启示。夫妻之间的爱，预表耶

稣与祂的教会；父亲对家人的爱，则预表神对所有受造者的爱。男人惟有成就父神对家庭的计划，才能从中得着祂所预备的上好福分。但当这个计划遭受挫败时，人类就必须承担极度的痛苦。

　　当代的文化必须决定该如何响应这个课题，而我们每个人也都不例外。

中国大陆免费下载叶光明书籍和广播资源网站

w w w . y g m . s e r v i c e s

中文叶光明书籍和广播资源可以通过搜索
"Ye Guang Ming" 或 "YGM" 或 "叶光明"
下载应用程序到手机或平板电脑阅读和收听。

中国大陆索取叶光明书籍和讲道资源，
可以联系 feedback@fastmail.cn

如何在智能手机上安装应用程序(App)

可复制网址到智能手机的浏览器，或使用二维码安装
适用于您智能手机的应用程序（App）

iPhone/iPad手机下载网址:

https://itunes.apple.com/sg/app/
ye-guang-ming-ye-guang-ming/
id1028210558?mt=8

若干安卓手机下载地址如下，供您选择:

https://play.google.com/store/
apps/details?id=com.subsplash.
thechurchapp.s_3HRM7X&hl

叶光明事工微信公众平台:

.

.